Schütze dein Licht

GEORGE LIZOS

SCHÜTZE DEIN LICHT

Die besten Techniken,
um dein Energiefeld zu klären und
deine Seele zu schützen

*Aus dem Englischen übersetzt
von Juliane Molitor*

Ansata

Die Originalausgabe erschien 2022 unter dem Titel *Protect your Light*
bei Hampton Roads Publishing Company, Inc., USA.

Die in diesem Buch vorgestellten Informationen und Empfehlungen sind nach bestem Wissen und Gewissen geprüft. Dennoch übernehmen der Autor und der Verlag keinerlei Haftung für Schäden irgendwelcher Art, die sich direkt oder indirekt aus dem Gebrauch der hier beschriebenen Anwendungen ergeben. Bitte nehmen Sie im Zweifelsfall beziehungsweise bei ernsthaften Beschwerden immer professionelle Diagnose und Therapie durch ärztliche oder naturheilkundliche Hilfe in Anspruch.

MIX
Papier | Fördert gute Waldnutzung
FSC® C104608
FSC www.fsc.org

Penguin Random House Verlagsgruppe FSC® N001967

Zweite Auflage 2025

Redaktion: Constanze Lüdicke
Umschlaggestaltung: Guter Punkt, München, unter Verwendung
des Originalcovers von Leah Kent
Satz: Satzwerk Huber, Germering
Druck und Bindung: Nørhaven A/S, Viborg
ISBN: 978-3-7787-7585-1
www.Integral-Lotos-Ansata.de
www.facebook.com/Integral.Lotos.Ansata

Meiner Mutter.
Danke, dass du mich und meine Träume immer unterstützt hast.

INHALT

Teil I
Grundlagen des Energieschutzes

Teil II
Kläre deine Energie

Teil III
Schirme deine Energie ab

Teil IV
Schütze deine Energie online

VORWORT

Als George Lizos mich bat, ein Vorwort für dieses Buch zu schreiben, war ich begeistert und setzte mich gleich hin, um es zu lesen. Ich war sofort ganz vertieft und konnte es nicht mehr aus der Hand legen.

Jetzt, wo immer mehr Menschen spirituell erwachen und ihr Licht immer heller strahlt, wird es wichtig zu lernen, wie man dieses Licht effektiv schützt.

Als ich als Hypnotherapeutin tätig war, habe ich viele seelische Dolche aus den Energiefeldern von Menschen entfernt, genau wie George es beschreibt. Ich habe auch einige von meinen eigenen entfernt, aber das ist viele Jahre her. Irgendetwas an der Art, wie George schreibt, fördert »Kram« aus der Tiefe zutage, der geklärt werden muss. Also befolgte ich die Anweisungen, die er im Kapitel »Dolche entfernen« gibt, und erinnerte mich sofort an eine Person, die mir sehr kritisch gegenüberstand und ständig abfällige Bemerkungen machte. Ich spürte viele kleine Dolche von ihr in meinem Energiefeld. Genau in diesem Moment klingelte das Telefon und ich wurde abgelenkt. Doch als ich am nächsten Morgen aufwachte, sah ich plötzlich, wie sich all diese winzigen Dolche zu einem großen zusammenschlossen! Es war ein Schock. Dennoch arbeitete ich nach Georges Anweisungen mit den Feuerdrachen und den Einhörnern, um diese ganze Energie, die mich beeinflusst hatte, zu klären – und spürte die Erleichterung.

Ich arbeite sehr gern mit den verschiedenen Elementardrachen, und in diesem Buch werden sie so ausführlich und kreativ beschrieben, dass ich sie beim Lesen förmlich spüren konnte. Ich lachte, als die Luftelementare, die Sylphen, als kühler Luftzug durch den Raum wehten, mich umströmten und meine Aura reinigten.

Vor dem Zubettgehen bitte ich meinen Feuerdrachen immer, eine ätherische Feuerwand um mich, meine Hunde und mein Zuhause zu errichten. Daher war ich fasziniert von Georges 360-Grad-Übung. Ich scannte meine Aura. Felsenfest zu meiner Linken saß mein Drache – groß und grimmig und im Dienst!

Das Kapitel, in dem es darum geht, wie man seine Energie im Internet schützt, ist in der heutigen Zeit immens wichtig. Es ist relativ einfach, Fernsehprogramme auszuwählen, aber ich habe gelernt, besonders wachsam zu sein, seit ich eine faszinierende, aber dunkle Lebensgeschichte gesehen habe. Während ich mir die Sendung anschaute, strömte nach und nach schwarze Energie durch den Fernsehbildschirm, und es war nicht einfach, sie zu stoppen und zu klären. Dieses Buch hat mir vor Augen geführt, dass ich einen der Schutzschilde verwenden muss, die George beschreibt, und dass es noch viel notwendiger für mich ist, einen Schutz gegen die allgegenwärtigen sozialen Medien zu verwenden. Als ich die Kapitel über die digitale Welt las, wurde mir bewusst, wie ich all diese Energie direkt in mein Aurafeld einlade. Die so klar beschriebenen digitalen Reinigungs- und Abschirmprozesse werde ich auf jeden Fall anwenden.

Dies ist das klarste, umfangreichste und zugänglichste Buch über übersinnlichen und spirituellen Schutz, das ich je gelesen habe. Alles wird einfach erklärt und alle möglichen Fragen werden beantwortet. Die Übungen und Visualisierungen sind leicht nachvollziehbar. Ich empfehle *Schütze dein Licht* als wesentlichen Leitfaden zum sicheren Schutz der eigenen Aura.

Diana Cooper,
Bestsellerautorin von *Die Magie der Einhörner*

EINLEITUNG

Du bist eine feinfühlige Lichtarbeiterin auf einer Reise zum Sinn deines Lebens und zu deinem besten Leben. Solange du dich erinnern kannst, bist du ein Empath mit einer ausgeprägten Fähigkeit, die Emotionen anderer Menschen wahrzunehmen. Das hat zur Folge, dass sich Freunde und Freundinnen, Familienmitglieder und manchmal auch völlig fremde Menschen dir gegenüber öffnen, weil sie sich in deiner Gegenwart sicher fühlen und wissen, dass du sie verstehen und unterstützen wirst.

Deine Sensibilität war immer Segen und Fluch zugleich. Einerseits macht dich die Leichtigkeit, mit der du Emotionen verstehen und kommunizieren kannst, zu einer besseren Freundin, einem besseren Freund und Elternteil, einem besseren Partner und Lehrer. Auf der anderen Seite macht dich deine Feinfühligkeit anfällig für negative Energie von Menschen und aus deiner Umgebung. Du übernimmst oft unwissentlich die Probleme anderer, indem du ihren Schmerz absorbierst und zu deinem eigenen machst. Folglich bist du schnell überfordert und kannst nicht zu lange in Gesellschaft sein. Du vermeidest es auch, dich in großen Gruppen aufzuhalten, und brauchst viel Zeit, um dich nach sozialen Verpflichtungen auszuruhen und neu einzustellen.

Du ertappst dich oft dabei, dass du Sätze wie diese sagst:

Ich lebe auf dem Land und bin immer derart überwältigt, wenn ich mich in der Stadt aufhalte.

Ich bin wie ausgelaugt, wenn ich in der Hauptverkehrszeit mit dem Zug fahre.
Da ist diese Person an meiner Arbeitsstelle, die mich geringschätzt, und ich bekomme oft schreckliche Kopfschmerzen, wenn ich es mit ihr zu tun hatte.
Manchmal bin ich unerklärlicherweise gereizt, nachdem ich einfach nur neben einem Fremden in der Schlange an der Ladenkasse gestanden habe.
Jedes Mal, wenn ich mich mit dieser einen Freundin unterhalte, spüre ich, wie ein Teil ihrer Energie an meiner klebt.
Nach einem Besuch im Krankenhaus bin ich fast immer völlig erschöpft.
Ich habe das Gefühl, daran zu ersticken, wenn ich mich bei Familienfeiern mit bestimmten Familienmitgliedern unterhalte.
Die Nutzung sozialer Medien war früher eine nette Möglichkeit, Kontakt mit Freunden zu halten. Wenn ich mich jetzt einlogge, fühle ich mich oft gestresst und erschöpft.
Ich bekam schreckliche Bauchschmerzen, nachdem ich mich mit jemandem in einer Facebook-Gruppe gestritten hatte.

Du hast eine grundlegende Energieschutzpraxis, aber sie schützt dich nicht immer effektiv. Du verwendest oft Salbei, um deine Aura und dein Haus zu reinigen. Du setzt Kristalle ein, um dein Energielevel hochzuhalten. Du bittest Erzengel Michael, dich zu beschützen, und schützt dich mit weißem Licht, wenn du von negativen Menschen umgeben bist. Obwohl du fest davon überzeugt bist, dass die von dir verwendeten Tools und Prozesse funktionieren, hast du immer häufiger das Gefühl, dass sie oft nicht ausreichen, damit deine Energie rein und geschützt bleibt.

Du bist bereit, deine Energieschutzpraxis auf ein höheres Niveau zu bringen. Du möchtest verstehen, wie Energieangriffe funktionieren, und in die Tiefe gehende Prozesse erlernen, mit denen du deine Energie sowohl klären als auch abschirmen kannst. Du bist bereit, über einfache Energieschutzprozesse hinauszugehen und einen komplexeren und eher personalisierten Ansatz zu verfolgen, der dich vor externer Negativität schützt und es dir möglich macht, dein Leben zu leben und dein Ziel selbstbewusst und furchtlos zu verfolgen. Doch was am wichtigsten ist, du möchtest in der Lage sein, dein Einfühlungsvermögen und deine Intuition zu nutzen, um dich mit anderen zu verbinden und sie zu unterstützen, während du gleichzeitig deine eigene Energie unter Kontrolle hast und weißt, dass es dir nichts wegnimmt, für andere da zu sein.

Dies ist mein Versprechen: Am Ende dieses Buches wirst du den verschiedenen Arten von negativen Energien gegenüber nicht länger das Gefühl haben, als könntest du sie nicht erkennen, als wärest du unvorbereitet, dich ihnen zu stellen, oder als wärst du verwundbar, sondern du wirst dich kompetent und in deiner Selbstbestimmung bestärkt fühlen. Du wirst außerdem einen spirituellen Werkzeugkoffer mit Prozessen an der Hand haben, die du anwenden kannst, um deine Energie zu klären und abzuschirmen, sowohl offline als auch online.

Gebrauchsanleitung für dieses Buch

Schütze dein Licht ist eine siebenstufige Praxisanleitung zum Klären und Abschirmen deiner Energie. Daher solltest du die Kapitel eines nach dem anderen lesen. Dass zahlreiche Klärungs- und Abschirmungsprozesse bei vielen nicht funktionieren, hat weniger mit der Effektivität der Prozesse zu tun als damit, dass diesen Menschen ein strukturiertes System für den Umgang mit negativer Energie fehlt.

Erstens ist nicht jede negative Energie gleich. Daher erfordern verschiedene Arten von Energieanhaftungen den Einsatz unterschiedlicher Werkzeuge und Prozesse, um sich davon zu befreien und davor zu schützen. Zweitens ist unser Energiefeld so komplex wie der menschliche Körper. Daher erfordert der Umgang mit ihm ein tiefes Verständnis. *Schütze dein Licht* vermittelt dir ein umfassendes Verständnis der verschiedenen Arten von Energieanhaftungen und deines Energiefeldes und führt dich durch ein bewährtes System zur Klärung und zum Schutz deiner Energie.

Das Buch ist in folgende vier Teile gegliedert:

Teil I: Grundlagen des Energieschutzes behandelt die Notwendigkeit des Energieschutzes, die Symptome von Energieangriffen und die Anfälligkeiten dafür sowie den siebenstufigen Prozess zum Klären, Abschirmen und Stärken deiner Energie. Darüber hinaus gibt dir das Kapitel das Rüstzeug für deinen Energieschutz an die Hand wie Zentrieren, Erden, Scannen nach Energieangriffen und Verbinden mit deiner angeborenen Schutzkraft.

Teil II: Kläre deine Energie ist eine Einführung in eine Reihe praktischer, auf Meditation basierender Prozesse zur Auflösung von Energieanhaftungen. Du wirst darin angeleitet, wie du einen Sylphensturm aufziehen lassen, den Drachenatem einsetzen, Einhornduschen nehmen und reinigende Getränke mit heiligem Wasser zubereiten kannst, um deine Energie zu klären und zu reinigen.

Teil III: Schirme deine Energie ab stellt die drei Arten von Schilden vor, das Maß an Schutz, das sie bieten, und eine Anleitung, wie sie für maximalen Schutz übereinandergelegt werden können. Du erfährst, wie du deine Energie abschirmen und stärken kannst, indem du in der violetten Flamme badest, indem du eine goldene Lichtpyramide trägst, indem du deine Energie mit dem Regenbogenstrahl verstärkst und wie du dafür deine eigenen schützenden Amulette und Talismane herstellst.

Teil IV: Schütze deine Energie online erörtert, wie sich Energieangriffe in den sozialen Medien und der digitalen Landschaft manifestieren, und zeigt dir praktische Energieprozesse zum Schutz, zur Klärung und zur Abschirmung deiner Onlinepräsenz.

Da dies ein Praxisbuch ist, werde ich dich immer wieder bitten, Stift und Papier zu nehmen und Dinge aufzuschreiben. Es lohnt sich, eine Art Reisetagebuch zu führen über den Weg, auf den du dich damit machst. Egal ob ein elektronisches oder ein Tagebuch auf Papier: Es hilft dir, sämtliche Programmpunkte auf einen Blick beisammenzuhaben, damit du deine Fortschritte verfolgen und die Übungen bei Bedarf erneut aufrufen kannst.

Wir machen das gemeinsam

Ich tue alles, um dir zu helfen, die Ziellinie zu erreichen, und möchte bei jedem Schritt für dich da sein. Und das kannst du tun, um mir zu helfen, dich auf diesem Weg zu unterstützen:

- **Tritt meiner privaten Facebook-Gruppe *Your Spiritual Toolkit* bei.** Dies ist eine sichere Community zur Unterstützung von gleichgesinnten Lichtarbeitern, die mit dir auf dieser Reise sind. Nutze diese Gruppe, um Fragen zu stellen, Antworten beizutragen und von deiner Reise durch das Buch zu berichten. Ich bin selbst in dieser Gruppe aktiv und werde da sein, um dich auf deinem Weg anzufeuern.

- **Folge mir auf Instagram (@georgelizos)** und halte mich über deine Fortschritte auf dem Laufenden. Sende mir persönliche Nachrichten und markiere mich in deinen Posts und Storys mit dem Hashtag #ProtectYourLight. Ich lese alle Kommentare und Nachrichten, die ich bekomme, und beantworte sie alle persönlich.
- **Lade die *Protect Your Light Resources*** von *georgelizos.com/pyl* herunter. Sie enthalten eine Checkliste aller Übungen im Buch, die du abhaken kannst, wenn du sie durchlaufen hast, sowie geführte Meditationen zu vielen der Prozesse.

Ich freue mich darauf, von dir zu hören und dich auf deinem Weg zum Energieschutz zu unterstützen. Ich habe vollstes Vertrauen in dich und erwarte mit Spannung, wie du dann dein Leben in seinem ganzen Potenzial leben wirst.

Teil I

Grundlagen des Energieschutzes

Kapitel 1

WAS IST ENERGIESCHUTZ?

Nimm dir einen Moment Zeit und erinnere dich an deine Kindheit. Versetze dich, ohne lange darüber nachzudenken, in dich als Kind zurück, und stelle dir vor, wie dein Leben damals war. Wie hast du dich die meiste Zeit gefühlt? Wie hast du deine Zeit verbracht? Was waren deine Hobbys und Interessen? Und deine Träume? Wie war deine Einstellung zu dir selbst, zu anderen Menschen und der Welt? Würdest du sagen, dass du optimistisch oder eher pessimistisch in die Zukunft geblickt hast? Wie waren deine Vorstellungen vom Leben? Waren sie überwiegend positiv oder negativ?

Bring deine Aufmerksamkeit jetzt zurück in den gegenwärtigen Moment und stelle dir die gleichen Fragen. Wie unterscheiden sich die Antworten, die du als Erwachsener gibst? Wenn du wie die meisten Menschen bist, ist die Art und Weise, wie du jetzt denkst, fühlst und auf die Welt reagierst, meilenweit von der Art entfernt, wie du in deiner Kindheit gedacht, gefühlt und auf die Welt reagiert hast. Irgendwo auf deinem Weg hast du dich von deinem rein positiven, allliebenden Kindheitsselbst verabschiedet und bist in eine Welt voller Zweifel, Urteile und einschränkender Überzeugungen geraten.

Dafür gibt es viele Gründe. Zunächst einmal bist du in einer Gesellschaft aufgewachsen, die auf Regeln, Strukturen und Erwartungen basiert. Deine Eltern, das Schulsystem und die Gesellschaft insgesamt haben dich auf Schwarz-Weiß-Denken programmiert: Gut und Böse, Positiv und Negativ, Richtig und Falsch. Dir wurde beigebracht, ein braves Kind zu sein, dich an Regeln zu halten und an bestimmte Systeme und Muster, die angeblich Erfolg und Erfüllung garantieren. Du wurdest dazu angehalten, deine Intuition zu ignorieren und stattdessen auf die Expertise und das Know-how anderer Menschen zu vertrauen.

Im Laufe der Zeit kamen immer neue Faktoren hinzu. Du hast Freunde gefunden, bist auf die Universität gegangen, hast deine Sexualität entdeckt, bist Liebesbeziehungen eingegangen und hast sie beendet, hast dich mit Freunden gestritten und überworfen, bist umgezogen, hast den Job gewechselt, hast die Welt bereist und noch mehr. Im Wesentlichen wurde das Leben in der Zeitspanne zwischen deiner Kindheit und dem gegenwärtigen Moment immer komplexer.

Aufgrund dieser Komplexität warst du allen möglichen Energien ausgesetzt und hast alle möglichen Verbindungen zu Menschen, Orten und Dingen hergestellt. Jeder Ort, den du besucht hast, jede Person, die du kennengelernt hast, und jedes Objekt, mit dem du interagiert hast, hat einen energetischen Eindruck hinterlassen, der die Person geprägt hat, die du heute bist. Wie der Ozean die Küste formt und ihr Aussehen ständig verändert, hat dich der energetische Ozean deiner Lebenserfahrungen geformt und verändert.

Genauer gesagt, die Person, die du heute bist – mit deinen Gedanken, Überzeugungen, Gefühlen und Taten – und die Realität, die du in diesem gegenwärtigen Moment lebst – dein Job, deine Beziehungen, deine Gesundheit und deine allgemeine Lebensqualität – sind das Ergebnis der energetischen Programmierungen, der Erfahrungen und Anhaftungen, denen du ausgesetzt warst. Auch wenn du vielleicht glaubst, dass die Art und

Weise, wie du jetzt denkst, fühlst und dich verhältst, das ist, was du wirklich bist, die Wahrheit ist, dass dein authentisches Selbst näher an dem ist, was du als kleines Kind warst.

Mit anderen Worten: Dein authentisches Selbst ist das rein positive, allliebende und sorglose Kind, das du einst warst. Als du auf diese Welt kamst, wusstest du, was dich glücklich macht, kanntest deinen Wert, deine innere Schönheit und den Zweck deines Lebens. Du bist mit der Absicht in diese Welt gekommen, das Wissen darüber zu nutzen, wer du bist, um dein Leben nach diesem Wissen zu gestalten. Deine Absicht war es, Gedanken zu denken, Gefühle zu fühlen und Überzeugungen zu haben, die deine authentische Natur kultivieren und zum Ausdruck bringen. Deine Absicht war es, einen Beruf zu ergreifen, der deinem Lebenszweck entspricht, und zwischenmenschliche Beziehungen aufzubauen, die den Werten und Überzeugungen deiner Seele entsprechen.

Wenn du dieses Leben jetzt nicht lebst, lebst du nicht wirklich dein Leben, sondern das Leben anderer Menschen. Du denkst die Gedanken anderer Menschen, fühlst die Gefühle anderer Menschen, hast die Überzeugungen anderer Menschen, verfolgst die Ziele anderer Menschen und pflegst die Beziehungen anderer Menschen. Im Wesentlichen wurde dir dein Leben genommen.

Beim Energieschutz geht es darum, dir dein Leben zurückzuholen.

Energieschutz, eine Definition

Ich definiere *Energieschutz* als die Kunst, energetisch authentisch zu sein. Es geht darum, zu identifizieren und zu klären, was nicht zu dir gehört, damit du die Verbindung zu deinem authentischen Selbst wiederherstellen kannst, und dann Schutzmaßnahmen zur Sicherung deiner Authentizität zu ergreifen. Energieschutz stellt sicher, dass das, was zu dir gehört, wirklich dir gehört und das, was zu anderen gehört, ihnen. Er hilft dir, Grenzen zwischen dir und der Außenwelt zu ziehen, damit du die Energien, die dich beeinflussen, unter Kontrolle hast.

Im Wesentlichen hilft dir Energieschutz, ein glücklicheres, authentischeres und erfüllteres Leben zu führen. Indem du dich wieder mit deinem inneren Wesen vertraut machst, kannst du von seinem Standpunkt aus denken, fühlen und handeln. Aufgrund dessen verändert sich dein gesamtes Leben zum Besseren. Du nimmst gesunde Änderungen an deinem Lebensstil vor. Du ergreifst positive Maßnahmen, um deine Beziehungen zu verbessern. Und du unternimmst Schritte, um deine Karriere mit deinem Lebenszweck in Einklang zu bringen. Am wichtigsten ist, dass du dich sicher fühlst, wenn du durchs Leben gehst, weil du weißt, wie du das, was du geschaffen hast, sichern und dich vor unerwünschten Menschen und Energien schützen kannst.

Energieangriff und Energieanhaftungen

Es gibt verschiedene Begriffe, die sowohl die energetischen Abdrücke beschreiben, die in unserer Aura verbleiben, wenn wir mit Menschen, Orten und Objekten interagieren, als auch deren negative Auswirkungen auf unsere Gesundheit. Der Einfachheit halber verwende ich im gesamten Buch die folgenden zwei Begriffe.

Energieanhaftungen: Mit diesem Begriff beziehe ich mich auf alle energetischen Abdrücke, die nach einer Interaktion mit unserer Umgebung unsere Aura und Energie verunreinigen. Weitere Begriffe, die sich auf Energieanhaftungen beziehen, sind unter anderen: *ätherischer Abfall*, *energetische Flecken*, *ätherische Spinnweben*, *psychischer Schleim* und *übersinnliche Intrusionen*.

Energieangriff: Mit diesem Begriff beziehe ich mich auf alle nachteiligen Auswirkungen von Energieanhaftungen. Dies ist nicht mit dem Begriff *übersinnlicher Angriff* zu verwechseln, der eine bestimmte Art von Energieangriff bezeichnet. In Kapitel 5 lernst du die gängigsten Arten von Energieangriffen kennen.

Beim Energieschutz geht es darum, dich von toxischen Energieanhaftungen zu befreien und einen Energieangriff mit den folgenden drei Schritten zu verhindern:

1. **Identifizieren:** Scanne deine Energie und deine Aura, um die Energieanhaftungen zu identifizieren, die deine Energie verunreinigen.
2. **Klären:** Wende spirituelle Verfahren an, um die Energieanhaftungen von deiner Energie zu befreien und einen Energieangriff zu verhindern.
3. **Abschirmen:** Schirme deine Aura mit verschiedenen Schutzenergien ab, um damit deine natürliche Aura-Abwehr zu stärken und ankommende Energieanhaftungen abzuwehren.

Dies sind eigentlich die drei Hauptschritte zum Energieschutz, aber in Kapitel 6 lernst du noch vier weitere Schritte kennen.

Eine kurze Geschichte des Energieschutzes

Auch wenn du vermutlich aus spirituellen Büchern, von New-Age-Lehrern, in Instagram-Memes und spirituellen Online-Communitys zum ersten Mal etwas über Energieschutz erfahren hast, ist die Kunst, die eigene Energie zu schützen, uralt. In vielen Kulturen auf der ganzen Welt wurde auf die eine oder andere Weise Energieschutz eingesetzt, um sowohl die Energie des Menschen als auch die Energie seiner Besitztümer und seiner Lieben zu klären und zu schützen.

In der Antike wurde Energieschutz hauptsächlich durch den Einsatz von schützenden Amuletten und Talismanen erreicht, über die du in Kapitel 35 mehr erfahren wirst. Im alten Ägypten wurden den Toten Amulette und andere Glücksbringer mit ins Grab gegeben, um sie auf ihrer Reise in die Unterwelt zu unterstützen. Skarabäen wurden in Höhe des Herzens auf die Brust der Mumien gelegt, um sie im Jenseits vor Angriffen zu schützen. Zu jeder Lebenszeit setzten die Menschen Talismane, Amulette (das Auge des Horus und der Isis-Knoten sind zwei beliebte), Kristalle und verschiedene Gebete und Beschwörungen ein, um sich vor Angriffen von außen zu schützen.

Im antiken Griechenland bediente man sich Zaubersprüche und Amulette, um Menschen sowohl mit einem Fluch zu belegen als auch vor Gefahren und Unheil zu schützen. Bei den berüchtigten römischen *Fluchtafeln*, die bei Ausgrabungen im heutigen Großbritannien gefunden wurden, handelt es sich um Zaubersprüche als Inschriften auf Blei, Stein und Wachs, mit denen Geister gebeten wurden, in eine Person oder ein Objekt zu fahren, und die auf diese Weise als Fluchformeln genutzt wurden. Um sie einzusetzen, musste man lediglich einen ausgebildeten Magier bezahlen, der in einem Ritual den Fluch oder Bann gegen beziehungsweise über die aussprach, die einem

Böses angetan hatten. Neben solchen Verwünschungen setzten die Menschen damals auch Amulette – oft mit Darstellungen dessen, was sie bewirken sollten, mit heiligen Inschriften und mit Götterfiguren – ein, um sich vor Gefahren und Schaden zu schützen.

Im Mittelalter waren es Schutzamulette aller Art, etwa Knochen von Heiligen, Holzsplitter vom Heiligen Kreuz und andere Artefakte, von denen man sich göttlichen Schutz versprach. Viele dieser alten und frühneuzeitlichen Schutzrituale haben sich erhalten. Im griechisch-zypriotischen Christentum, mit dem ich aufgewachsen bin, werden solche Heiligenknochen, Splitter, die angeblich vom Kreuz Jesu stammen, schützende Öle, Gebete und Beschwörungen sowie Amulette wie das *Nazar*-Auge immer noch häufig zum Abschirmen vor negativen Menschen und Energien eingesetzt.

Die Kunst des Energieschutzes hat sich durch Raum und Zeit als Antwort auf das menschliche Bedürfnis nach Sicherheit und Schutz bewährt. Weil das Leben und die zwischenmenschlichen Beziehungen komplexer geworden sind und wir mittlerweile mehr über die Funktionsweise von Energie wissen, hat sich auch unser Wissen über Energieschutz erweitert. Ziel dieses Buches ist es, dich auf den neuesten Stand in der Kunst des Energieschutzes zu bringen und dir die meiner Meinung nach effektivsten Werkzeuge, Methoden und Rituale an die Hand zu geben, mit denen du deine Energie schützen kannst.

Kapitel 2

IST ENERGIESCHUTZ NOTWENDIG?

Beim Thema Energieschutz gibt es zwei verschiedene Denkrichtungen.

In der ersten Denkrichtung wird die Überzeugung vertreten, dass Energieschutz nicht notwendig ist. Da wir spirituelle Wesen sind, die in einem einzigen Netz des göttlichen Bewusstseins miteinander verwoben sind, kann es aus dieser Perspektive keinen Angriff gegen uns geben. Wenn wir um unsere Verbundenheit mit allen anderen und dem Universum als Ganzes wissen und sie spüren, können wir nicht angegriffen werden, denn wir können uns selbst nicht angreifen.

Mit anderen Worten: Diese Denkrichtung geht davon aus, dass der Energieschutz den Glauben an die Dualität und nicht an die Einheit unterschreibt und aufrechterhält. Demzufolge bestätige die Notwendigkeit, uns selbst zu schützen, den falschen Glauben unseres Egos an das Getrenntsein von anderen und vom Universum und gäbe der Angst Macht. Da unsere Welt außerdem dem Gesetz der Anziehung unterliegt, ziehe die gesteigerte Aufmerksamkeit, die wir auf die Tatsache richten, dass wir vor etwas geschützt werden müssen, einen Angriff eher an, als dass er ihn abwehre.

So gesehen besteht unsere stärkste Waffe gegen sämtliche Formen von Energieangriffen darin, die Art und Weise, wie wir miteinander in Beziehung treten, zu verändern, indem wir uns mit dem Begriff der Einheit anfreunden. Wir erreichen dies, indem wir unsere Schwingung auf die Frequenz unseres höheren Selbst bringen, das den Zustand der Einheit bereits kennt und entsprechend schwingt.

Was für Energieschutz spricht

Obwohl ich auch der Meinung bin, dass wir keinem Energieangriff ausgesetzt sein können, wenn wir vollständig mit der Quelle verbunden sind, gehöre ich der zweiten Denkrichtung an, die Energieschutz als wichtige und notwendige Praxis des täglichen Lebens betrachtet.

Hier sind meine Gründe.

Wir können nicht rund um die Uhr mit der Quelle verbunden sein

Ja, wenn wir mit der Quelle verbunden sind, wissen wir um unser Einssein mit allem und können daher nicht energetisch angegriffen werden. Aber wenn es so gedacht gewesen wäre, dass wir rund um die Uhr mit der Quelle verbunden sind, wären wir überhaupt nicht auf dieser physischen Welt inkarniert. Wir wären ein immaterielles Energiebewusstsein geblieben und hätten unser Dasein in ständiger Verbindung mit allem, was existiert, genossen.

Stattdessen haben wir die bewusste Wahl getroffen, in einer physischen Welt der Dualität zu inkarnieren. Wir haben die Entscheidung getroffen, uns teilweise von unserem Einssein zu lösen und in unser Ego einzutreten – unseren physischen Körper, unsere Hobbys und unsere Persönlichkeitsmerkmale. Wir sind als unterschiedliche physische Wesen in einer vielfältigen physischen Umgebung inkarniert, und zwar mit dem Ziel, vielfältige Interaktionen zu ermöglichen, um mehr von dem zu erschaffen, was das Leben ausmacht, und das menschliche Bewusstsein zu erweitern.

Ja, unser Ego glaubt an Trennung und fördert daher Angst, aber genau deshalb wurden wir sowohl mit einem Ego geboren als auch mit einem inneren Wesen, das hier ist, um das Ego zu korrigieren und zu führen. Alles, was unser Ego will, ist, sich sicher und geschützt zu fühlen, und Energieschutz ist die Art unseres inneren Wesens, uns diese Sicherheit zu bieten. Deine Tür abzuschließen, wenn du das Haus verlässt, online sichere Passwörter einzurichten und nachts möglichst nicht allein draußen rumzulaufen, das sind alles Möglichkeiten, deinem Ego zu helfen, sich sicher zu fühlen. Warum solltest du mit deiner Energie anders umgehen?

Manchmal ist es einfacher, mit seinen Überzeugungen zu arbeiten, als sie zu ändern

Wie ich bereits erwähnt habe, bekommt man das, woran man glaubt. So funktioniert das Universum. So gesehen kannst du keinem Energieangriff ausgesetzt sein, wenn du nicht an ihn glaubst. Deine Überzeugungen sind deine stärksten Schutzmechanismen. Wenn du allerdings an Energieangriffe glaubst, und sei das auch nur zu einem winzigem Prozentsatz deiner Überzeugungen, bist du anfällig dafür.

Als ich anfing, mit Energieschutz zu experimentieren, tendierte ich dazu, meine Glaubenssätze zum Thema Energieangriffe so zu ändern, dass ich keinen Schutz mehr brauchen würde.

Ich erkannte bald, dass es schwieriger war, meine Überzeugungen zu ändern, als damit zu arbeiten. Der Weg des geringsten Widerstandes bestand in diesem Fall darin, meine Überzeugungen zu akzeptieren, anstatt sie ändern zu wollen. Verstehe mich nicht falsch, es gibt einschränkende Glaubenssätze, die es wert sind, dass man sich die Zeit nimmt, sie aus dem eigenen Bewusstsein zu lösen, aber dieser spezielle war die Zeit meiner Ansicht nach nicht wert.

Das Bedürfnis, uns selbst zu schützen, wurde uns in jahrtausendelanger Programmierung eingetrichtert. Seit Beginn der Zivilisation haben die Menschen Möglichkeiten und Verfahren entwickelt, um ihre Lebensgrundlagen zu schützen, und bis heute ist die Sicherheitsindustrie eine, die Milliarden einbringt. Denke nur an all die Gewohnheiten, die wir haben, an die Maßnahmen, die wir ergreifen, und an die Systeme und Technologien, die wir einsetzen, um für ein Gefühl der Sicherheit zu sorgen. Wir verwenden sichere Passwörter im Internet, schließen unsere Türen ab, wenn wir aus dem Haus gehen, tragen im Winter warme Kleidung und verwenden Sonnencreme, wenn wir an den Strand gehen. Die Rechts-, Militär- und Polizeisysteme unseres Landes sind dafür da, unseren nationalen Schutz zu gewährleisten. Und internationale politische und militärische Bündnisse wurden geschlossen, um sicherzustellen, dass alle Länder friedlich zusammenleben.

So wie ich es sehe, ist unser Bedürfnis, uns zu schützen, derart in unserer DNA verankert, dass es fast unmöglich ist, es vollständig aus unserem Bewusstsein zu löschen.

Warum Empathen und Lichtarbeiter zusätzlichen Schutz brauchen

Aus diesen Gründen glaube ich, dass jeder seine Energie täglich klären und schützen muss. Abgesehen davon glaube ich, dass Lichtarbeiter bei ihrer Energieschutzpraxis besonders sorgfältig sein und weiter in die Tiefe gehende Prozesse anwenden müssen.

Hier sind die Gründe.

Wir sind anfälliger für Energieangriffe

Da wir empfindlicher auf Energie reagieren, sind wir Lichtarbeiter deutlich anfälliger für Energieangriffe als die meisten Menschen. Dadurch fällt es uns leichter, die Energie anderer Menschen sowie die Energie unserer Umgebung zu spüren und zu empfangen. Dies ist in vielerlei Hinsicht ein Geschenk, denn es hilft uns, uns auf einer viel tieferen Ebene mit Menschen zu verbinden. Wenn es jedoch unbeobachtet bleibt, kann dieses Geschenk schnell zu einer Belastung werden.

Da wir außerdem von Natur aus das Gute in Menschen sehen, geben wir häufig zu viel von uns, sowohl verbal als auch energetisch, an Menschen, denen vielleicht nicht unser Bestes am Herzen liegt. Infolgedessen sind wir normalerweise eher Kritik, Eifersucht und Angriffen ausgesetzt als andere Menschen.

Viele, die auf einem spirituellen Weg sind, glauben, dass Abschirmung gleichbedeutend ist mit einer Abschottung von anderen und der Menschheit im Allgemeinen. Dies könnte gar nicht weiter von der Wahrheit entfernt sein. Ein *Schild* ist in Wirklichkeit ein flexibler Filter, der sich an deine Bedürfnisse und Umstände anpasst. Es ist eine Grenze, die sicherstellt, dass dein Licht geschützt ist, damit du dein Licht am besten für die nutzen kannst, die es brauchen.

Wir sind heute mehr Energien ausgesetzt als jemals zuvor

Unsere Welt ist zunehmend vernetzt. Das bedeutet, dass wir jetzt täglich mit mehr Menschen in Kontakt treten als zuvor, sowohl persönlich als auch in den sozialen Medien. Gleichzeitig werden sich immer mehr Menschen ihrer übersinnlichen Fähigkeiten bewusst und der Möglichkeit, Energie bewusst einzusetzen. Die meisten spirituell Suchenden setzen ihre intuitiven Fähigkeiten zwar sachgemäß ein, aber manche tun dies nicht. Daher ist es wichtiger denn je, dass wir unser Licht und unsere Energie mit aller Macht schützen.

Ein Mangel an spiritueller Schulung macht uns anfällig für Angriffe

Oft denken Menschen, dass sie automatisch gut geschützt sind, nur weil sie sich auf einem spirituellen Weg befinden und spirituelle Arbeit leisten. Das ist weit von der Wahrheit entfernt. Meditation, Heilung, Selbsthypnose und sämtliche anderen spirituellen Praktiken und Modalitäten erfordern Übung wie alles andere im Leben. Die meisten Menschen öffnen sich normalerweise energetisch, wenn sie anfangen, mit Spiritualität zu experimentieren, um eine spirituelle Erfahrung zu machen, aber sie schließen sich danach nicht wieder, weil ihnen niemand gesagt hat, dass sie das tun müssen.

In Wirklichkeit brauchst du Energieschutz dann am meisten, wenn du dich auf einem spirituellen Weg befindest und intuitiv und energetisch öffnest, damit du deine Energie richtig verwalten und durch die geistige Welt navigieren kannst. Stell dir vor, du fährst Auto ohne Führerschein. Sicher, du kannst eine Weile unbesorgt herumfahren, aber früher oder später wirst du in einen Unfall verwickelt werden. Das Bewältigen von Erfahrungen, die du mit Spiritualität, Energie und Intuition gemacht hast, funktioniert auf die gleiche Weise.

Unsere Aufgabe ist zu wichtig

Zu guter Letzt ist es für uns Lichtarbeiter lebenswichtig, unsere Energie zu schützen, weil unsere Lebensaufgabe besonders wichtig ist. Wie in meinem Buch *Lightworkers Gotta Work* ausführlich besprochen wurde, handelt es sich bei aufgestiegenen Lichtarbeitern um eine besondere Gruppe alter, reifer Seelen, die gekommen sind, um die energetische Software der Erde upzugraden und beim Übergang unserer Welt in das Neue Goldene Zeitalter zu helfen. Wenn du es schon immer als deine Aufgabe angesehen hast, dazu beizutragen, die Welt zu einem besseren Ort zu machen, bist du wahrscheinlich ein aufgestiegener Lichtarbeiter.

Unser gemeinsames Ziel ist entscheidend, um dazu beizutragen, die freundliche, liebevolle Welt zu erschaffen, die zu erschaffen wir hierhergekommen sind. Daher ist es besonders wichtig, dass unsere Energie wirklich unsere ist und nicht von sämtlicher externen Negativität beeinflusst wird.

Was denkst du? Siehst du, wie wichtig es ist, deine Energie zu schützen? Kannst du nachvollziehen, dass es beim Energieschutz nicht darum geht, an Angst und Angriffe zu glauben, sondern vielmehr darum, unser Menschsein anzuerkennen und damit zu arbeiten?

Wenn du meinen Standpunkt zwar verstehst, aber der Meinung bist, deine Verbindung zur Quelle sei stark genug, um dich auch ohne zusätzliche Tools zu schützen, oder wenn du lieber daran arbeiten möchtest, dein Glaubenssystem so zu ändern, dass du nicht mehr an Angriffe glaubst, solltest du meiner

Ansicht nach dennoch wissen, wie du deine Energie schützen kannst. Diese Tools in deinem spirituellen Werkzeugkoffer zu haben, wird dich dabei unterstützen, im Fall der Fälle aktiv zu werden, wenn du es brauchst, oder um andere anzuleiten, die deine Hilfe benötigen.

Kapitel 3

SYMPTOME UND SCHWACHSTELLEN

Wenn du deine Energie noch nie gereinigt oder abgeschirmt hast oder dies selten tust und dein Glaubenssystem die Möglichkeit eines wie auch immer gearteten Energieangriffs zulässt, ist deine Energie höchstwahrscheinlich durch verschiedene Anhaftungen getrübt und muss gereinigt und abgeschirmt werden. (In Kapitel 4 erfährst du mehr darüber, wie dein Energiefeld solche Anhaftungen anzieht.)

Was man über Energieangriffe wissen sollte, ist, dass es verschiedene Arten davon gibt, die sich in unterschiedlicher Intensität äußern und daher unterschiedlich erlebt werden. Wir werden in einem späteren Kapitel mehr über die verschiedenen Arten von Energieangriffen sprechen und über die Möglichkeiten, sie zu identifizieren, aber in diesem Kapitel konzentrieren wir uns auf das Erkennen häufiger Symptome von Energieangriffen und die Gewohnheiten und Umstände, die dich besonders anfällig dafür machen.

Wenn du die gängigen Symptome eines Energieangriffs erkennst, merkst du schnell, wann du angegriffen wirst, und kannst aktive Schritte unternehmen, um deine Energie zu schützen. Und indem du dich mit den Aktivitäten und Situationen vertraut machst, in denen du besonders anfällig für Angriffe bist, kannst du besser einschätzen, inwieweit du im Laufe der Zeit anfällig warst, und solche Umstände in Zukunft vermeiden.

Typische Symptome eines Energieangriffs

Wie ich bereits erwähnt habe, werden viele verschiedene Arten von Energieangriffen in unterschiedlicher Intensität erlebt. Daher haben verschiedene Symptome mit verschiedenen Arten von Angriffen zu tun. Für eine erschöpfende und analytische Aufzählung dieser Symptome wäre nicht nur ein ganzes Buch erforderlich, sie wäre auch deprimierend für uns alle! Wissen ist Macht, aber es ist nie eine gute Idee, sich zu lange auf die negative Seite der Dinge zu konzentrieren.

Daher habe ich mich entschieden, eine allgemeine Liste der häufigsten Symptome von Energieangriffen weiterzugeben, anstatt mich auf Arten von Angriffen im Einzelnen zu konzentrieren. Diese Symptome geben dir eine grundsätzliche Vorstellung davon, inwieweit du von einem Energieangriff betroffen bist, und du kannst die spezifischen Energieanhaftungen, die ihn verursachen, dann in Kapitel 5 identifizieren.

Dies sind die häufigsten Symptome eines Energieangriffs:

- Erschöpfung und Müdigkeit
- Schlaflosigkeit und Albträume
- Überempfindlichkeit über das normale Maß hinaus
- Gefühl der Leere und Entmutigung
- Mangelndes Interesse am täglichen Leben
- Abrupte Stimmungs- und Verhaltensänderungen
- Plötzliche Angst und Niedergeschlagenheit ohne bekannte Ursache

- Sucht- und Zwangsverhalten
- Immer wieder unter Beschwerden leiden, die nach einer Behandlung nicht verschwinden
- Plötzlich einen Fehler nach dem anderen machen, Dinge falsch anpacken, Pech haben und zu Unfällen neigen
- Angst, allein zu sein
- Angst, dass andere einem etwas Böses wollen
- Unfähigkeit, sich zu entspannen, und ständige Nervosität

Es ist wichtig, sich klarzumachen, dass viele dieser Symptome durch ganz gewöhnliche Lebenssituationen verursacht werden können, die nichts mit einem Energieangriff zu tun haben, etwa Überarbeitung, lange Phasen von Stress und Isolation und das Leiden unter bestimmten seelischen Verfassungen und Störungen. Befrage deine innere Führung, bevor du zu einem endgültigen Schluss kommst.

Als Faustregel gilt: Wenn du mindestens fünf oder mehr dieser Symptome gleichzeitig erlebst, hast du es wahrscheinlich mit einem starken Energieangriff zu tun. Alles zwischen einem und vier Symptomen kann auf einen milderen Energieangriff hinweisen. Keines dieser Symptome zu haben, bedeutet jedoch nicht, dass du frei von Energieanhaftungen oder Angriffen bist. Es kann einfach bedeuten, dass sich die Anhaftungen in deiner Energie noch nicht in Energieangriffen ausgedrückt haben oder dass du schon so lange mit ihnen lebst, dass du dich an sie gewöhnt hast. Wenn du deine Energie nicht täglich klärst und abschirmst, ist deine Aura wahrscheinlich mit verschiedenen Energieanhaftungen verunreinigt, die sich jederzeit in einem Energieangriff äußern können.

Was macht dich anfällig für Energieangriffe?

Verschiedene Situationen, Angewohnheiten und Aktivitäten machen dich anfälliger für Energieangriffe, indem sie dein Aurafeld schwächen oder Narben darauf hinterlassen, indem sie deine Energie überstimulieren oder indem sie Angriffe von niederen Geistern und entsprechende Energien anziehen.

Aktivitäten und Ereignisse, die dein Energiefeld schwächen oder Narben darauf hinterlassen

- Übermäßiger Konsum von Tabak, Alkohol und Freizeitdrogen
- Krankheiten und Operationen
- Unfälle
- Krankenhausaufenthalte
- Emotionale Erschütterungen und plötzliche Schocks
- Sucht
- Übergriffe und Gewalt
- Depression
- Stress und Angst
- Mangelnde persönliche Grenzen

Aktivitäten und Ereignisse, die dein Energiefeld überstimulieren

- Meditation und Hypnose
- Plötzliches geistig-seelisches Erwachen
- Herumdoktern mit psychischen Aktivitäten und Verfahren
- Einsatz von psychotropen Drogen und Kräutern

Mit der richtigen Übungspraxis und in der richtigen Dosierung können alle diese Aktivitäten auch stattfinden, ohne dich anfällig für Energieangriffe zu machen.

Aktivitäten und Ereignisse, die Energieangriffe anziehen

- Übermäßiger Konsum reißerischer Medien, die Dramatik kreieren, wie Filme, Fernsehsendungen, Zeitungen und Magazine
- Zu lange Aufenthalte in Bars, Clubs und Krankenhäusern
- Suchtprobleme und co-abhängige Beziehungen
- Einsatz eines Ouija-Bretts
- Beschäftigung mit Schwarzer Magie und den dunklen Künsten

Um sich am besten vor künftigen Energieangriffen zu schützen, sollte eine übermäßige Exposition gegenüber diesen Faktoren so weit wie möglich vermieden werden. Wenn du ihnen in der Vergangenheit ausgesetzt warst, hast du dich wahrscheinlich anfällig für Energieangriffe gemacht und dein Energiefeld ist bis zu einem gewissen Grad verunreinigt. Im zweiten Teil des Buches arbeiten wir daran, diese energetischen Anhaftungen richtig zu identifizieren und zu beseitigen.

Schwachstellen aus der frühen Kindheit

Manchmal ist es vielleicht nicht möglich, unser Energiefeld vor Energieangriffen zu schützen, weil unsere Aura in der Kindheit nachteilig beeinflusst wurde. Wenn wir geboren werden, ist unsere Aura noch nicht vollständig entwickelt und wird von der Aura unserer Eltern, insbesondere der unserer Mutter, umhüllt. Daher können sämtliche negativen Gedanken, Gefühle oder Überzeugungen, die unsere Eltern zum Zeitpunkt unserer Geburt und in unserer frühen Kindheit hatten, an uns weitergegeben worden sein. Darüber hinaus können alle mentalen, emotionalen oder körperlichen Probleme wie Depressionen, Traumata oder schwere Operationen, die unsere Eltern im Laufe unserer Kindheit hatten, die Entwicklung unserer Aura beeinflusst haben.

Wenn ich im Rahmen meiner übersinnlichen Klärungssitzungen die Energie von Menschen scanne, sehe ich oft Aurafelder, die vernarbt sind, Löcher haben oder ausgedünnt sind. Wenn ich mich auf diese Schwachstellen einstelle, um ihre ursprüngliche Ursache herauszufinden, sehe ich oft frühkindliche Familiendramen, geistige und körperliche Probleme im Zusammenhang mit den Eltern (insbesondere der Mutter) und andere instabile oder traumatische Kindheitserfahrungen. Diese frühkindlichen Schwachstellen behindern die Entwicklung der Aura, was in den Folgejahren dazu führt, dass Energieangriffe angezogen werden.

Glücklicherweise kann unser Energiefeld immer geheilt und unsere Aura-Abwehr stets wiederhergestellt werden. Die Klärungs- und Abschirmungsprogramme in Teil II und III des Buches werden dir helfen, die Gesundheit deiner Aura wiederherzustellen, aber in ernsteren Fällen möchtest du vielleicht mit einem Experten für übersinnliche Klärungen zusammenarbeiten. Auf *georgelizos.com/work-with-me* kannst du eine übersinnliche Klärungssitzung bei mir buchen.

Kapitel 4

DEIN ENERGETISCHES IMMUNSYSTEM

Im vorigen Kapitel hast du etwas über die verschiedenen Symptome eines Energieangriffs erfahren sowie über die Umstände, Situationen und Szenarien, die deine Aura anfällig dafür machen. In diesem Kapitel tauchen wir tiefer in das Thema, wie diese Schwachstellen zu Energieangriffen führen, ein, indem wir die Funktionsweise deines Energiefelds untersuchen, besonders die der Chakras und der Aura.

Chakras und Aura sind ein wichtiger Teil deines energetischen Immunsystems, das mit deinem physischen Immunsystem in Verbindung steht. Dein *energetisches Immunsystem* ist dafür verantwortlich, deine energetische Interaktion mit den Menschen und der Welt um dich herum zu bewältigen, indem es die eingehende Energie filtert und umwandelt, um dich vor Angriffen zu schützen. Indem du die Mechanismen verstehst, die dein energetisches Immunsystem nutzt, um funktionsfähig zu sein, wirst du Energieanhaftungen in deinen Chakras und deiner Aura genauer identifizieren können, sodass es dir gelingt, dich von ihnen zu befreien und gegen sie abzuschirmen.

Deine Aura

Du bist mehr als dein physischer Körper. Du hast mehrere andere Körper in parallelen Dimensionen in deiner und um deine physische Präsenz. Diese werden normalerweise zusammenfassend als *Aura* oder *Aurafeld* bezeichnet.

Die *Aura* ist die Lebensenergie, die sowohl belebte als auch unbelebte Objekte durchdringt und deren Struktur von der Komplexität des jeweiligen Objekts bestimmt wird. Eine menschliche Aura beispielsweise ist komplizierter als die einer Gabel oder eines Messers und kann sich bis zu 1,20 Meter über deinen physischen Körper hinaus erstrecken.

Die menschliche Aura hat sieben Hauptschichten. Sie entsprechen den sieben Chakras und erstrecken sich vom Zentrum deines physischen Körpers in die dich umgebende Welt. Der weltberühmten Energieheilerin Barbara Ann Brennan zufolge sind dies der *ätherische Körper*, der *emotionale Körper*, der *mentale Körper*, die *astrale Ebene*, der *ätherische Negativkörper*, der *himmlische Körper* und der *kausale Körper oder ketherische Negativkörper.* Sie alle dienen unterschiedlichen Zwecken und haben verschiedene Eigenschaften. Jeder dieser Körper, also jede Schicht deines Aurafeldes, liegt innerhalb der vorherigen Schicht und dehnt sich zunehmend über diese hinaus aus.

Aufgrund ihrer fließenden und dynamischen Natur kann eine Aura zwischen Objekten reisen und Energie übertragen und empfangen. Während du dich durchs Leben bewegst, macht deine Aura es dir möglich, die Energie von Menschen und Orten wahrzunehmen, indem sie dir ständig Feedback über deine Umwelt gibt. Wenn sie ungeschützt bleibt, funktioniert deine Aura wie ein Schwamm und absorbiert aufgrund ihrer gesteigerten Wahrnehmungsfähigkeit alle Arten von Energien von Menschen und Orten. Diese aufgesogene Energie bleibt in deiner Aura gespeichert, solange du sie nicht ganz bewusst löschst. Und das wirkt sich auf die Art und Weise aus, wie du denkst, fühlst und in der Welt agierst.

Die ersten drei Auraschichten sind für die Verarbeitung der Energien verantwortlich, die mit der physischen Welt in Verbindung stehen, während die oberen drei Schichten mit den spirituellen Welten verbunden sind. Die zentrale, vierte Schicht (astrale Ebene), die mit dem Herzchakra in Verbindung steht, ist das Steuerrad zwischen der physischen und der spirituellen Welt und verantwortlich für die Übermittlung von Energie zwischen ihnen.

Energieangriffe manifestieren sich tendenziell in den ersten drei Schichten, weil diese am stärksten von unserem täglichen Leben und den im vorherigen Kapitel erwähnten Schwachstellen in Mitleidenschaft gezogen werden. Im Verlauf eines bewussten oder unbewussten Energieangriffs stellt der Angreifer eine Verbindung zu einer Schwachstelle in einer Auraschicht her, sendet negative Energie oder zieht positive Lebensenergie ab. Dieser Angriff überträgt sich dann auf andere Auraschichten, die Chakras und den physischen Körper, was zu den negativen Auswirkungen und Symptomen eines Energieangriffs führt, von denen bereits die Rede war.

Deine Chakras

Chakras sind rad- oder kreisförmige Energieportale, die an bestimmten Stellen auf der Mittelachse deines Körpers zu finden sind und als Medien für die Kommunikation zwischen deiner physischen und deiner spirituellen Seite fungieren. Sie sehen aus wie bunte Lotusblätter, die in verschiedenen Geschwindigkeiten wirbeln, während sie Lebensenergie durch die physischen, emotionalen, mentalen und spirituellen Körper übertragen. Sie sind unerlässlich für die Gesunderhaltung von Körper, Seele und Geist.

In deinem Körper liegen die sieben Hauptchakras, von denen jedes eine andere Gruppe von physischen, emotionalen, mentalen und spirituellen Teilen deines Wesens steuert. Diese sind das Wurzelchakra, das Sakralchakra, das Solarplexuschakra, das Herzchakra, das Halschakra, das Dritte Auge (Stirnchakra) und das Kronenchakra. Jedes Chakra enthält sieben Schichten, die mit den sieben Schichten deiner Aura korrelieren. In meinem ersten Buch *Be the Guru* erfährst du mehr über die individuellen Eigenschaften deiner Chakras.

Jede Art von Energieangriff, der in deiner Aura ankommt, wird ins Innerste deiner Chakras geleitet, weil die sieben Schichten deiner Aura Erweiterungen deiner sieben Chakras sind. Gleichzeitig haben deine Chakras als Verbindungen zwischen deiner physischen Präsenz und der spirituellen, energetischen Welt um dich herum Eigenschaften, die wie ein Schwamm wirken, indem sie Energie von anderen und aus deiner Umgebung absorbieren.

Zwar hat jedes deiner sieben Chakras seine eigenen Eigenschaften und Energien und liegt in einem anderen Teil deines Körpers, aber sie hängen alle miteinander zusammen. Weil alle Chakras durch einen Energiekanal verbunden sind, der in einem Zickzackmuster verläuft, kann ein Angriff auf eines das gesamte System in Mitleidenschaft ziehen.

Deine Chakras können durch Drogen, Alkohol oder spirituelle Übungen ohne Führung regelrecht aufgesprengt werden, und sie können beschmutzt oder verstopft werden, wenn sie von Energieanhaftungen überflutet werden. Ähnlich wie deine Aura können auch deine Chakras in der Kindheit von der Negativität deiner Eltern beeinflusst werden. Solange wir Kinder sind, sind unsere Chakras weit offen, ohne Schutzfilm, der ankommende Energie abschirmen könnte. Stattdessen werden unsere Chakras durch die Energiefelder unserer Eltern geschützt. Daher könnten alle negativen Gedanken, Emotionen, Überzeugungen deiner Eltern und alle Erfahrungen, die sie gemacht haben, auf deine Chakras übertragen worden sein, was ihr Wachstum behindert und dich anfällig für Energieangriffe macht.

Wenn du deine Chakras und deine Aura dein ganzes Leben lang nicht bewusst geklärt und abgeschirmt hast, könnten sämtliche Energieanhaftungen, die du im Laufe der Zeit angezogen hast, immer noch da sein und deine Energie trüben, behindern und dämpfen. Wenn ich die Energie von Menschen hellseherisch scanne, bevor sie irgendeine Art von Reinigung durchgeführt haben, sehe ich oft Chakras, die dicht und entstellt sind, verstopft von energetischen Ablagerungen und Anhaftungen. Ihre Farben sind dunkel oder blass, ihre Schwingungsfrequenz ist niedrig, und das Drehen/Metabolisieren geht langsam vonstatten. Die ungeklärte Aura sieht normalerweise aus wie ein schmutziger, energiereicher Schwamm, der mit ätherischen Spinnweben und psychischem Schleim verunreinigt ist. Die Schichten haben keine klaren Grenzen. Stattdessen greifen sie ineinander und beeinträchtigen sich gegenseitig in ihren Funktionen und Eigenschaften. Ähnlich wie die der Chakras fühlt sich auch die Energie der ungeklärten Aura schwach und verletzlich an.

Kapitel 5

ARTEN DER ENERGIEANHAFTUNG

Wie bereits ausgeführt wurde, warst du in deiner Kindheit und im weiteren Verlauf deines Lebens verschiedenen Formen von Energieanhaftung ausgesetzt und hast sie wahrscheinlich sogar angezogen. Und wenn du diese Anhaftungen nicht bewusst beseitigt hast, ist dein Energiefeld bis zu einem gewissen Grad mit ihnen zugemüllt, sodass sie deine Art, zu denken, zu fühlen und zu agieren, beeinträchtigen.

Was ich bisher noch nicht erwähnt habe, ist, dass viele deiner Anhaftungen auch mit deinen Leben vor dem gegenwärtigen zusammenhängen können – entweder mit deinen früheren Leben oder mit der Zeit zwischen diesen Leben. In den übersinnlichen Klärungssitzungen, die ich durchführe, entdecke ich bei Menschen oft bindende Schnüre zu deren früheren Leben, zu karmischen Gelöbnissen, die sie in früheren Leben abgelegt, und Verträgen, die sie abgeschlossen haben, und sogar zu Geistern und Geistführern, mit denen sie Vereinbarungen in der Geisterwelt getroffen haben, die sie jetzt noch binden. Ich sehe auch Schnüre zu Vorfahren, die sie nie kennengelernt haben, zu Orten, an denen sie noch nie waren, und zu Erfahrungen, die sie in ihrem gegenwärtigen Leben noch nie gemacht haben, mit denen sie aber immer noch verbunden sind und von denen sie nach wie vor beeinflusst werden, und zwar über die Ahnen-DNA in ihrem gegenwärtigen Leben.

Du fragst dich vielleicht, wie es möglich ist, dass etwas, das in einem früheren Leben oder in der Geisterwelt passiert ist, deine Denkweise im Hier und Jetzt beeinflusst, besonders wenn du dich nicht an diese Ereignisse erinnerst. Die spirituelle Wahrheit aber ist, dass wir nicht nur unser gegenwärtiges Leben sind. Wir sind alle Leben, die wir je gelebt haben. Unsere Seele wird von der gegenwärtigen Raum-Zeit-Realität nicht eingeschränkt. Sie kennt die Gesamtheit der Erfahrungen, die wir in all unseren früheren Leben und auch in den dazwischenliegenden gemacht haben. Infolgedessen ist die Person, die du in diesem Leben bist, das Gesamtergebnis von Hunderten, wenn nicht gar Tausenden von früheren Leben.

In diesem Kapitel stelle ich die häufigsten Arten von Energieanhaftungen vor, die sowohl mit deinem gegenwärtigen als auch mit deinen früheren Leben zu tun haben. Es sind diejenigen, die ich am häufigsten sehe, wenn ich Menschen hellseherisch scanne und reinige, und es sind diejenigen, die unsere Energie am meisten beeinträchtigen.

Beim Durchlesen der Informationen über die verschiedenen Arten von Energieanhaftung kannst du dich leicht in Angst hineinziehen und von ihr überwältigen lassen. Sei also wachsam. Denke daran, dich zu diesem Thema weiterzubilden, um dich bei Bedarf schützen zu können. Mach dir bewusst und bestätige dich darin, dass du die Kontrolle über dein Wesen hast und aktive Schritte unternimmst, um diese Kontrolle zu bewahren. Sobald du dich beim Lesen dieses Kapitels überfordert fühlst oder Angst bekommst, mach eine Pause und tu etwas, das Spaß macht und erdet, um wieder in deine Kraft zu kommen.

Kollektive Gedankenformen

Wenn eine große Gruppe von Menschen intensiv und länger anhaltend ähnlich empfundene Gedanken und Gefühle hegt, begleitet von entsprechenden Handlungen und Verhaltensweisen, erzeugt sie energetische Wolken aus diesen Gedanken. Diese sind als *kollektive Gedankenformen* bekannt. Sie bestehen in der übersinnlichen Atmosphäre der Welt fort und suchen nach ähnlich schwingenden Gedanken, an die sie sich binden können. Wenn im Laufe der Zeit immer mehr Menschen entsprechende Gedanken beitragen, werden diese energetischen Wolken immer größer und mächtiger und ziehen Menschen an, die eine ähnliche Schwingungsfrequenz haben. Wenn sich Menschen in diese Energiefelder einklinken, werden sie mit einem endlosen Nachschub an ähnlich empfundenen Gedanken und Gefühlen versorgt, was dazu führt, dass sie noch mehr Negativität produzieren, die in die Gedankenform zurückfließt. Daraus ergibt sich schließlich ein Teufelskreis der Negativität, der den Einfluss und die Macht der jeweiligen Gedankenform aufrechterhält.

Jedes Mal, wenn du dich längere Zeit sehr niedergeschlagen fühlst, stimmt deine Schwingung mit der energetischen Wolke deiner negativen Gedanken und Gefühle überein und du riskierst, dich in die kollektive Gedankenform einzuklinken. Solange du nichts unternimmst, um deine Schwingung zu erhöhen, könntest du dich schließlich wirklich in diese Gedankenform einklinken und nach und nach in Endlosschleife mit Gedanken, Emotionen, Impulsen und Überzeugungen versorgt werden, die deinen Schwingungszustand verstärken.

Warst du schon jemals in einer Situation, in der du plötzlich eine irrationale Angst vor etwas hattest? Vielleicht hattest du plötzlich Angst vor dem Fliegen, dem Fahren auf einer Brücke oder dem Schwimmen im Meer. Wenn du deine Reise bis zu dieser Phobie zurückverfolgst, wirst du wahrscheinlich herausfinden, dass du dich zuvor über eine gewisse Dauer einem Gefühl ausgesetzt hast, das etwas mit dieser Phobie zu tun hatte. Vielleicht hast du einen dieser schrecklichen Flugzeugkatastrophenfilme gesehen, der die Flugangst ausgelöst hat, die du mit ähnlich empfundenen Gedanken und Gefühlen, mit oder ohne Bezug zum Fliegen, genährt hast. Als Folge davon hast du dich in die kollektive Gedankenform eingeklinkt, die von all denen geschaffen wurde, die in der Geschichte der Menschheit Flugangst hatten, und hast zugelassen, dass sie Besitz von dir ergreift.

Macht und Einfluss jeder kollektiven Gedankenform hängen davon ab, in welchem Ausmaß Menschen im Laufe der Zeit entsprechende Gedanken und Gefühle hatten. Bestimmte Gedankenformen sind so mächtig, dass sie sich anfühlen und aussehen wie wütende Monster, die die Atmosphäre durchstreifen und ihre Netze nach Menschen auswerfen, mit denen sie sich verbinden können, um ihren enormen Hunger zu stillen. Daher kannst du so leicht von Gedankenformen beeinflusst werden, wenn deine Schwingung niedrig ist, selbst wenn du nicht in sie eingeklinkt bist.

Diese Gedankenformen haben tendenziell eine lange und tragische Geschichte. Stell dir die Energie rund um den 11. September 2001 vor, um die Konzentrationslager der Nazis, die Weltkriege und jede andere große Tragödie. Diese Ereignisse haben kollektive Gedankenformen geschaffen, die die Orte, an denen sie stattfanden, immer noch heimsuchen. Sie bestehen nicht nur in den oberen Schichten der übersinnlichen Atmosphäre fort, sondern auch im Getriebe des täglichen Lebens und beeinflussen die Menschen, die mit ihnen in Kontakt kommen, in unterschiedlichem Ausmaß.

Gleichwohl spiegelt sich in der kollektiven Aura des Planeten wider, wie die Menschheit als Ganzes über Jahrtausende gedacht und gefühlt hat. Und genauso wie es negative kollektive Gedankenformen gibt, gibt es auch positive, mit denen wir uns ebenso leicht verbinden können.

Übersinnliche Angriffe

Ein *übersinnlicher Angriff*, auch als böser Blick oder Verwünschung bezeichnet, kommt zustande, wenn jemand bewusst oder unbewusst einen intensiven Strahl negativer Energie auf dich richtet. Das passiert normalerweise dann, wenn jemand starke negative Emotionen dir gegenüber empfindet, in der Regel Wut oder Eifersucht. Menschen, die an psychischen Erkrankungen, Drogenabhängigkeit oder Besessenheit leiden, neigen ebenfalls dazu, andere übersinnlich anzugreifen, obwohl dies normalerweise unbewusst geschieht. Aufgrund der Intensität der Energie, die bei einem übersinnlichen Angriff auf jemanden gerichtet wird, ist dies eine der schwerwiegendsten Arten von Energieanhaftung. Diese Art von Angriff schmerzt in der Regel sowohl körperlich als auch geistig und emotional, und die Symptome können von einer Stunde bis zu Tagen, manchmal sogar Wochen andauern.

Übersinnliche Angriffe sind in der Regel stärker, wenn du gerade in einer Beziehung mit jemandem bist, da die Schnur der Bindung, die zu dieser Person besteht, ihnen Zugang zu deiner Energie verschafft. Ein übersinnlicher Angriff kann aber auch von völlig Fremden kommen und unabhängig von räumlichen Grenzen. Das liegt daran, dass Energie nicht an Raum und Zeit gebunden ist. Sie kann jeden und alles erreichen, solange ein starker Fokus und eine entsprechende Absicht vorhanden sind.

Wenn du hellsichtig bist, siehst du wahrscheinlich, wie sich die Abdrücke übersinnlicher Angriffe als ätherische Dolche,

Messer und andere konventionelle Waffen auf deinem und dem Rücken anderer manifestieren. Vielleicht nimmst du sie auch als dunkle Energiemassen, Spinnweben oder Energieflecken wahr. Diese übersinnlichen Dolche können auch als Gefühle und Empfindungen wahrgenommen werden, ähnlich den in Kapitel 3 aufgeführten Beispielen.

Karmische Verträge und Flüche

Da Energie durch Raum und Zeit wandern kann und du alle Leben in deiner Person vereinst, die du jemals gelebt hast, ist es möglich, dass sich Verträge und Gelübde, die du in früheren Leben gemacht beziehungsweise abgelegt hast, sowie Flüche oder übersinnliche Angriffe, die du erlitten hast, in deinem gegenwärtigen Leben immer noch auswirken.

Wenn ich die Energie von Menschen scanne, sehe ich an verschiedenen Stellen im Energiefeld oft *karmische Gelübde* und *Verträge*, die wie ätherische Fesseln oder Knoten aussehen. Oft handelt es sich dabei um Armuts-, Leidens-, Opfer- und Zölibatsgelübde, die Menschen in früheren Leben abgelegt haben, vielleicht aufgrund ihres Berufes, geleisteter Eide und traumatischer Erfahrungen. Ein unter Lichtarbeitern übliches karmisches Gelübde ist, intuitive Fähigkeiten zu unterdrücken und abzuschalten. Ich sehe dies oft als ätherischen Knoten um das Dritte Auge. Es ist ein Symbol für das Versprechen, das viele Lichtarbeiter in früheren Leben gegeben haben, weil sie Zeuge von Verfolgung wurden oder selbst verfolgt wurden, wenn sie ihre Magie wirkten.

Ich persönlich habe ein karmisches Gelübde abgelegt, meine weibliche Energie abzulehnen, nachdem mir jemand in den Bauch gestochen und das Baby getötet hatte, das ich in einem früheren Leben trug. Von diesem Moment an schwor ich, meine weibliche Energie abzulehnen und meine männliche Energie in vielen Leben zu missbrauchen. Das hatte zur Folge, dass ich in diesem Leben fast Selbstmord beging, weil ich meine Homosexualität (weibliche Energie) nicht annehmen konnte. Und später war ich immer wieder ausgebrannt, weil ich mich überanstrengte und meine männliche Energie auf diese Weise missbrauchte. Die ganze Geschichte darüber, wie ich die Rückführung in frühere Leben benutzt habe, um diesen karmischen Vertrag aufzulösen, kannst du in meinem Buch *Lightworkers Gotta Work* nachlesen.

Viele karmische Verträge sind insofern Ahnenverträge, als wir sie in einem früheren Leben nicht selbst abschließen konnten, sondern vielmehr von unseren Vorfahren geerbt haben. Genetiker sprechen von genealogischem Karma, das aus Einstellungen, Erwartungen, Erinnerungen, Geschichten und Verträgen besteht, die als sogenannte *Junk-DNA* über die Ahnenlinie weitergegeben werden. Ahnenverträge erzeugen unbewusste Ängste und die Vorstellung, dass die Angst oder Absicht eines Vorfahren wahr wird. Und das macht Menschen ohne ersichtlichen Grund ängstlich und übertrieben wachsam.

Karmische Flüche ähneln karmischen Verträgen insofern, als sie in einem früheren Leben ausgesprochen wurden und im gegenwärtigen Leben immer noch in Kraft sind. Der Unterschied besteht darin, dass karmische Verträge normalerweise freiwillig geschlossen werden, während man mit karmischen Flüchen für gewöhnlich von anderen Menschen belegt wird. Bei diesen Flüchen handelt es sich um übersinnliche Angriffe, die mehrere Leben überdauern.

Traumata aus früheren Leben

Bestimmte Traumata aus früheren Leben können karmische Verträge schaffen, aber das ist nicht bei allen der Fall. Vielmehr bringen *Traumata aus früheren Leben* in der Regel Erwartungen und karmische Bindungsschnüre hervor, die wir in unserem gegenwärtigen Leben mit uns herumtragen. Beispielsweise erwarten zahlreiche Lichtarbeiter aufgrund der Vielzahl von Leben, in denen wir als Hexen, Heiler und Intuitive verfolgt wurden, dass sie in ihrem gegenwärtigen Leben abgelehnt und verfolgt werden. Infolgedessen scheuen wir davor zurück, unsere Fähigkeiten einzusetzen, und halten unsere Magie unter Verschluss. Diese Erwartungen, die auf Traumata aus früheren Leben zurückgehen, werden als ätherischer Schleim in unserem Energiefeld gespeichert oder als Schnüre zu früheren Leben (mehr dazu in einem späteren Abschnitt) und nehmen so Einfluss auf die Art und Weise, wie wir auf der Welt sind.

Grundsätzlich glaube ich, dass unsere Energie zurückgesetzt wird und wir ein neues Leben sozusagen als unbeschriebenes Blatt beginnen, sobald ein Leben endet. Der Grund, warum bestimmte Verträge, Flüche oder Traumata aus früheren Leben bestehen bleiben, ist normalerweise, dass wir eine Lektion lernen müssen, wozu wir im vergangenen Leben nicht gekommen sind, dass es mehr als ein Leben braucht, eine bestimmte Lektion zu lernen, oder dass wir einfach nicht genug Zeit hatten, um diesen speziellen Fluch, diesen Vertrag oder dieses Trauma aus einem früheren Leben in der Zeit zwischen den Leben zu heilen und damit abzuschließen.

Besessenheit

Besessenheit ist ein ernster, aber seltener Zustand, bei dem ein niederer oder sogar erdgebundener Geist die Kontrolle über einen Körper in einem solchen Ausmaß übernimmt, dass es zu radikalen Verhaltensänderungen kommt. Die Symptome einer Besessenheit unterscheiden sich erheblich von den Symptomen anderer Energieangriffe und umfassen emotionale Distanzierung, auffälliges und destruktives Verhalten, ein für die Person völlig untypisches Agieren, Gedächtnisverlust, Gespräche, in denen zwei verschiedene Stimmen darüber streiten, wer die Oberhand gewinnt, und ein seltsamer Blick in den Augen der betreffenden Person.

Zur Besessenheit kommt es, wenn eine schwere Verwundbarkeit oder Öffnung in der Aura einer Person vorliegt, verursacht durch übermäßigen Konsum von Drogen und Alkohol, starke Erschöpfung oder Burn-out, oder wenn jemand häufig seine persönliche Macht abgibt. Dieser Zustand wird oft als psychische Störung wie Schizophrenie oder multiple Persönlichkeitsstörung diagnostiziert, was tatsächlich der Fall sein kann, da Menschen, die an diesen Erkrankungen leiden, wenig Abwehrkräfte gegen Geisterangriffe haben.

Oft wird Besessenheit mit *Channeling* verwechselt, aber die beiden könnten unterschiedlicher nicht sein. Während bei der Besessenheit ein niederer Geist den Körper einer Person durch eine Öffnung in der Aura gewaltsam übernimmt, lädt beim Channeling jemand mit einem gesunden Aurafeld ganz bewusst einen liebevollen und wohlwollenden Geist ein. Beim Channeln übernimmt der Geist den Körper der Person nicht vollständig oder gewaltsam, sondern kommuniziert Energie über Gedanken, Visionen, Geräusche und Gefühle.

Es ist auch wichtig anzumerken, dass Besessenheit zwar häufig in Filmen und Fernsehserien dargestellt wird, es sich dabei aber um einen sehr seltenen Zustand handelt, den ich nie persönlich erlebt oder miterlebt habe. Wegen der Schwere und Seltenheit dieses Zustands würde es den Rahmen dieses Buches sprengen, auf die Behandlung von Besessenheit einzugehen, die übrigens die Hilfe eines ausgebildeten Fachmanns erfordert. Wenn du Hilfe bei Besessenheit suchst, solltest du unbedingt sicherstellen, dass der von dir gewählte Profi den Geist nicht einfach bannt, sondern richtig vertreibt, sonst sucht er sich einen anderen Wirt.

Übersinnliche Anhaftung

Übersinnliche Anhaftung ist eine viel mildere Form der Besessenheit, bei der sich eine lebende Person, ein niederer Geist, eine erdgebundene Seele oder sogar ein Objekt an die Aura einer Person bindet und ihr Verhalten beeinflusst. Ähnlich wie bei der Besessenheit kommt eine *Anhaftung* zustande, wenn das Energiefeld der Person eine Verwundung aufweist, etwa einen Bruch oder eine Öffnung in der Aura, die durch Drogen- und Alkoholmissbrauch, die Einnahme bestimmter Medikamente oder Phasen mit sehr negativen Emotionen wie Stress, Erschöpfung, Trauma und Depression verursacht wurde. Dadurch kann sich eine äußere Wesenheit in die Aura einer Person einklinken, ihre Lebenskraft absaugen und ihre Gedanken und Gefühle ebenso beeinflussen wie ihr Verhalten.

Übersinnliche Anhaftung beobachte ich oft in Bars und Clubs oder überall dort, wo es häufig zu Drogen- und Alkoholmissbrauch kommt. Diese Orte sind in der Regel voll von niederen und erdgebundenen Geistern, die dort ihre Netze nach betrunkenen und Menschen auf Droge auswerfen, um sich an sie zu heften und sich von ihrer Lebensenergie zu nähren. *Nie-*

dere Geister, auch bekannt als *astrale Wesenheiten*, sind wesenlose Kreaturen, die aus den negativen Gedankenformen anderer Menschen geschaffen wurden und nur existieren können, wenn sie sich von der negativen Energie einer lebenden Person ernähren. *Erdgebundene Geister* sind Verstorbene, die nicht in der Lage waren, ihren Übergang komplett zu vollziehen, oft aufgrund ihrer extremen Abhängigkeit von einer Gewohnheit, einer Substanz oder einer Person auf der Erde. Sie bestehen auf der irdischen Ebene fort und zapfen die Energie derer an, die von den gleichen Lastern abhängig sind (Drogen, Alkohol, Tabak, Angst, Stress, Depression, Co-Abhängigkeit usw.).

Meiner Erfahrung nach ist diese Form der Bindung an einen Geist sehr weit verbreitet. In vielen übersinnlichen Klärungssitzungen, die ich durchgeführt habe, habe ich sie beobachtet und musste niedere Geister und gelegentlich erdgebundene Seelen entfernen, die manchmal jahrelang an die Aura des jeweiligen Menschen gebunden waren und seine Psyche durcheinanderbrachten. Ich persönlich habe in meinem eigenen Energiefeld mehrere Wesenheiten identifiziert und freigesetzt. Angezogen hatte ich sie in meiner College-Zeit, als ich mich betrank und in Bars und Clubs feierte, sowie während meiner Depression in jungen Jahren und im Verlauf meines Beinahe-Selbstmordversuchs.

Eine andere Form der übersinnlichen Anhaftung, die in der Regel unbemerkt bleibt, wird durch übersinnlich aufgeladene Objekte verursacht, die sich in deinem Besitz befinden. Bei diesen Objekten handelt es sich für gewöhnlich um alte Artefakte, die du geerbt oder gekauft hast oder die dir geschenkt wurden und die sehr viel Restenergie enthalten (mehr über Restenergie im nächsten Abschnitt), so viel, dass sich diese Energie in deine Aura einklinken und Einfluss auf dein Verhalten nehmen kann. Erinnerst du dich an Tom Riddles Tagebuch in *Harry*

Potter und die Kammer des Schreckens? Das war eine übersinnliche Anhaftung, hervorgerufen durch ein Objekt mit enormer Kraft.

Übersinnliche Vergewaltigung ist eine andere Art von übersinnlicher Anhaftung, die nicht viel Aufmerksamkeit bekommt, und doch ist sie bei Weitem die häufigste. Zu einer übersinnlichen Vergewaltigung kommt es, wenn wir sexuelle Fantasien über eine andere Person haben oder wenn jemand solche Fantasien über uns hat. Vergiss nicht, dass Energie durch Raum und Zeit wandert. Wann immer wir also intensive sexuelle Fantasien über jemanden haben, leiten wir diese Energie zu dieser Person und setzen einen energetischen Haken, der ihm seine Lebenskraft entzieht. Irgendjemand bringt jetzt vielleicht vor, dass diese Fantasien niemandem wirklich schaden, solange sie ausschließlich im Kopf stattfinden. Wenn diese Fantasien jedoch eine lebende Person betreffen, findet eine Invasion in den energetischen Raum einer anderen Person statt.

Im Raum verbleibende Restenergie

Als Teil meiner Bachelorarbeit in Humangeografie wollte ich testen, ob der physische Raum menschliche Erfahrungen aufnimmt und als Erinnerung in seinem Äther speichert oder ob wir der Energie eines physischen Raumes mit Farbe, Symbolik und Arbeitsleistung bewusst Erinnerungen einflößen. Um meine Hypothese zu formulieren, besuchte ich die Ledrastraße in meiner Heimatstadt auf Zypern. Diese Straße ist in drei verschiedene Bereiche unterteilt, von denen jeder einem anderen Zweck dient und anders genutzt wird. Der erste Teil gehört zum südlichen, griechisch-zypriotischen Teil Nikosias. Der zweite Teil liegt im türkisch besetzten Teil der Stadt. Der dritte, mittlere Teil ist eine neutrale Pufferzone, die von den Vereinten Nationen überwacht wird. Dieser dritte Teil ist der interessanteste, weil er seit dem Krieg von 1974, der zur Besetzung Zyperns durch die Türken führte, unberührt geblieben ist.

Um die drei Räume zu untersuchen, habe ich Passanten in diesen Bereichen interviewt. Außerdem habe ich Methoden der teilnehmenden Beobachtung eingesetzt und auch *Psychometrie*, die außersinnliche Fähigkeit, die Energie des Raumes zu lesen, um die Erinnerungen in jedem Teil anzuzapfen. Während ich durch die griechisch-zypriotischen und türkisch besetzten Teile der Straße ging, nahm ich Energien und Erinnerungen von den Menschen auf, die an mir vorbeigingen; Energien, die von anderen, gerade nicht anwesenden Menschen dort zurückgelassen worden waren, sowie sämtliche in der Straße in der Bausubstanz steckende Erinnerungen verschiedener Bars, Cafés und Restaurants. Ich ertappte mich dabei, dass ich Gedanken und Gefühle hatte, die nicht ganz mir gehörten und die von bestimmten Markennamen manipuliert wurden oder die ich von anderen Leuten aufschnappte, die bei ihrem Spaziergang durch die Straße dieses oder jenes Gefühl hatten.

Im Gegensatz dazu wurde ich, als ich die von der UN verwaltete Pufferzone der Straße betrat und mich dort auf die Energie einstimmte, fast augenblicklich von Erinnerungen an Schüsse überwältigt und an Menschen, die schreiend und in Panik davonliefen. Der Krieg von 1974 spielte sich als Endlosschleife in meinem Kopf ab – so intensiv, dass ich unkontrolliert zitterte und weinte. Ich musste meine Arbeit für den Tag beenden!

In meiner Bachelorarbeit kam ich zu dem Schluss, dass die Erinnerung auf natürliche Weise vom Äther des physischen Raums aufgenommen und auch dort gespeichert wird, dass sie aber auch von Menschen und Unternehmen bewusst und unbewusst in einen Raum eingeflößt werden kann. Heute bezeichne ich diese beiden Arten von Erinnerungen als *im Raum verbleibende Restenergie* und betrachte sie als die gängigste und häufigste, aber auch subtilste Art der Energieanhaftung.

Jedes Mal, wenn du dich durch physische Räume bewegst, dein eigenes Zuhause eingeschlossen, hinterlässt du einen energetischen Eindruck davon, wie du dich im Äther des jeweiligen Raumes fühlst. Gleichzeitig nimmst du Eindrücke der im Raum verbliebenen Restenergie auf, die dort von anderen Menschen hinterlassen oder von Institutionen bewusst in die Bausubstanz eingearbeitet wurden. Im schlimmsten Fall kann die im Raum verbleibende Restenergie zu einem *übersinnlichen Überfall* führen, wenn du zufällig in einen intensiven negativen Restabdruck trittst, den jemand hinterlassen hat. Wenn beispielsweise jemand an einer bestimmten Straßenecke einen großen Kampf ausgetragen hat oder gar dort ermordet wurde und du später zufällig dort vorbeigehst, kann es passieren, dass du von der dort verbliebenen starken Energie überwältigt wirst.

Toxische Bindungsschnüre

Schnüre sind Anhaftungen, die dich an Menschen, Orte, Objekte, Überzeugungen oder frühere Leben binden, sowie Anhaftungen, die andere an dich binden. Das Ausmaß, in dem uns diese Bindungen positiv oder negativ beeinflussen, hängt von der Gesundheit und Qualität der entsprechenden Beziehungen ab. Ist die Beziehung zwischen zwei Parteien positiv, findet ein angenehmer Austausch von Gedanken, Worten und Emotionen zwischen ihnen statt, während es in einer negativen Beziehungsbindung zu einem toxischen Austausch von Gedanken, Worten und Emotionen wie Wut und Eifersucht kommt. Energetisch sehen diese Anhaftungen aus wie ätherische Schnüre, die Parteien miteinander verbinden und diesen Austausch erleichtern.

Viele Menschen betrachten toxische Bindungsschnüre nicht als eine Art Energieangriff, weil es manchmal unsere eigene Entscheidung ist, sie zu erschaffen. Ich persönlich sehe diese Schnüre *genau deshalb* als eine der stärksten Energieangriffsformen. Weil kein Energieangriff stattfinden kann, wenn wir uns in einem Zustand der Einheit und Verbundenheit mit unserem inneren Wesen befinden, ist es unser Ego, nicht wir selbst, das sich entscheidet, eine toxische Verbindung mit jemandem oder etwas einzugehen. Toxische Bindungsschnüre können daher als selbst verschuldete Energieangriffe betrachtet werden, was es schwieriger macht, sie zu sehen, anzuerkennen und aufzulösen.

Weil sie nicht gerade das sind, was wir täglich im Vorbeigehen mitnehmen, kann es höchst schwierig sein, toxische Bindungsstränge zu handhaben und sich gegen sie zu wappnen. Vielmehr sind diese negativen Verbindungen das Ergebnis der Zeit und der Mühe, die wir in Beziehungen zu Menschen, Orten, Objekten, Überzeugungen und früheren Leben gesteckt haben. Infolgedessen sind diese Schnüre immer mit uns verbunden und nähren sich von unserer Energie, was uns aussaugt und erschöpft. Als Faustregel gilt: je länger und intimer die Beziehung, desto stärker und klebriger die Bindungsschnur und desto schwerwiegender die negativen Folgen, wenn die Verbindung toxisch wird, während die Bindungsschnur intakt bleibt.

Arten von Schnüren

Es gibt viele verschiedene Arten von toxischen Bindungsschnüren, aber die wichtigsten sind Schnüre zu Familienmitgliedern, Vorfahren, Freunden und Bekannten, Liebhabern und Sexualpartnern, Fremden, Haustieren, Orten, Überzeugungen und früheren Leben. Bindungsschnüre werden toxisch, wenn sich die Beziehung in irgendeiner Weise verschlechtert, besonders wenn sie abhängig, manipulativ, kontrollierend, inszeniert oder besitzergreifend wird.

Und so kannst du die häufigsten Arten von toxischen Bindungsschnüren erkennen:

Toxische »Freunde« und Bekannte

Manchmal haben deine toxischen Bindungsstränge nichts mit Freundschaften zu tun, die sich zum Schlechten verändert haben, sondern vielmehr mit Menschen, die sich als Freunde tarnen, aber in Wirklichkeit Energie- oder Gefühlsvampire sind. Normalerweise durchleben diese Menschen ein tiefes Trauma, das ihnen das Gefühl gibt, ungeliebt und unwürdig zu sein. Anstatt die innere Arbeit zu leisten, die sie tun müssten, um zu heilen und weiterzuwachsen, nutzen sie andere Menschen als Quelle des Lichts, indem sie diese Menschen an sich binden und sich von ihrer Energie ernähren. Das sind die »Freunde«, die alles tun, um dir näherzukommen, nur um dich dann mit den ständigen Dramen in ihrem Leben zuzumüllen; die nie fragen, wie es dir geht; die dich ständig um Rat bitten, aber überhaupt nicht daran denken, ihn anzunehmen, und die ständig deine Aufmerksamkeit, deine Unterstützung und deine Ermutigung brauchen. Nach einer Interaktion mit ihnen fühlst du dich oft leer und erschöpft und brauchst einen ganzen Tag für dich allein, um dich wieder zu erholen.

Es ist wichtig, dass wir Mitgefühl für diese Menschen haben, weil sie nur aus ihrem inneren Leid heraus handeln und ihre Abhängigkeit ein Hilferuf ist. Du solltest dir aber ebenfalls eingestehen, dass du nur mit ihnen zusammen bist, weil du dich durch sie bestätigt und einer Sache versichert fühlst, die auch dir selbst fehlt. Es könnte sein, dass du dich geliebt, wertvoll oder gebraucht fühlst, wenn du ihnen hilfst und deinen Rat gibst. Bevor du diese Bindungsschnüre durchtrennst, solltest du in dich gehen und ein ehrliches Gespräch mit dir selbst führen über die wahren Gründe, warum du diese Menschen überhaupt in dein Leben gelassen hast.

Fremde

Es ist nicht ungewöhnlich, dass sich Bindungsschnüre und Anhaftungsfasern, die von völlig Fremden stammen, denen du auf der Straße begegnest, oder von Menschen, mit denen du online verbunden bist und vielleicht noch nie unmittelbar zu tun hattest, in deine Energie einhaken. Wenn es eine Schwachstelle in deinem Energiefeld gibt, können anderer Leute Absichten und Energien, die auf dich gerichtet sind, eine Bindungsschnur hervorbringen, die dich negativ beeinflusst. Bindungsschnüre von Fremden sind jedoch tendenziell schwächer als die von Menschen, mit denen du eine Interaktion oder Beziehung hattest, und lassen sich daher viel leichter auflösen.

Gruppenschnüre

In meinen übersinnlichen Klärungssitzungen sehe ich auch oft Gruppenbindungsschnüre. Sie verbinden drei oder mehr Menschen, die gemeinsame Erfahrungen gemacht haben, etwa eine Gruppe von Freunden, eine Partnerschaft, die Teilnehmenden an einem Gruppentrainingsprogramm und so weiter. In der Art und Weise, wie eine Gruppenschnur angelegt ist, spiegeln sich die Dynamik und Qualität der Gruppenbeziehungen wider. Jedes Mitglied der Gruppe kann also innerhalb der ursprünglichen Gruppenschnur verschiedene Schnüre haben, die sich bis in kleinere Gruppen erstrecken. In viele Gruppenschnüre ist eine Hauptschnur eingebunden, die Kontrolle über andere Personen geltend macht, etwa wenn eine Gruppe von Personen in Onlinekursen und Trainingsprogrammen von einem Gruppenleiter oder Lehrer abhängig ist.

Je nach ihrer Beschaffenheit sehen Gruppenschnüre oft aus wie verschieden geformte Spinnweben, in denen Energieknoten und -fasern die Art der Beziehungen und den Energieaustausch zwischen den verschiedenen Parteien steuern. Gruppenschnüre sind eine erstaunliche Quelle der energetischen Unterstützung, wenn die Gruppendynamik gesund und funktional ist. Wenn sich die Gruppenbeziehung jedoch verschlechtert oder mehrere Personen, die durch die Gruppenschnur verbunden sind, im Streit liegen, können diese Spannungen die kollektive Energie der Gruppenschnur beeinträchtigen und zu einem Energieangriff führen.

Liebende und Sexualpartner

Schnüre zu Menschen, mit denen wir in langfristigen Beziehungen standen, sind besonders stark, und wenn die Beziehung endet, können sie extrem toxisch werden. Einst Ventile für die Kommunikation liebevoller Gedanken und Emotionen zwischen zwei Menschen, werden diese Schnüre schließlich zu Instrumenten, um der anderen Person Wut, Ablehnung und Angriffsenergie zu senden. Je härter die Trennung und je ungelöster die Gefühle von Wut, Ablehnung oder Verrat, desto toxischer und schwächender können diese Schnüre sein. Selbst wenn du nicht aktiv kommunizierst oder mit der anderen Person in Kontakt stehst, halten deine Energieschnüre die Kommunikationskanäle offen, und wenn du sie nicht durchschneidest, können diese Verbindungen zum Absaugen von Energie und zur Manipulation führen.

Egal wie kurz eine Begegnung sein mag, auch Gelegenheitssex führt zu Bindungsschnüren. Jeder intime physische oder emotionale Kontakt, den du mit Menschen hast, setzt einen Energieaustausch voraus. Wenn dieser Austausch bewusst und absichtsgesteuert ist, wie es beispielsweise bei Gelegenheitssex der Fall ist, knüpfst du eine Schnur zu der anderen Person. Und auch wenn eine solche Schnur vielleicht nicht toxisch ist, eröffnet sie euch beiden den Zugang zum Energiefeld des jeweils anderen. Das kann zum Absaugen von Energie und zu übersinnlicher Vergewaltigung führen.

Wenn die sexuelle Begegnung jedoch nicht bewusst oder beabsichtigt ist, wie es bei sexuellem Missbrauch und Vergewaltigung der Fall ist, erstreckt sich eine Bindungsschnur vom Täter zum Opfer, was auch zu Energieraub, Manipulation und übersinnlicher Vergewaltigung führen kann. Dadurch wird das Opfer daran gehindert, zu heilen und sich weiterzubewegen.

Haustiere

Neben Schnüren zu Menschen hast du möglicherweise auch Bindungsschnüre zu Haustieren und anderen Tieren, mit denen du dich stark verbunden fühlst. Obwohl unsere Beziehung zu unseren Haustieren selten toxisch ist (es sei denn, wir wurden körperlich von ihnen verletzt), stellt häufig unsere co-abhängige Anhaftung an sie einen Faktor, der unser Wohlbefinden beeinträchtigen kann.

Irina kam zu mir, nachdem einige ihrer Katzen innerhalb kurzer Zeit an Krebs gestorben waren. Wenn du eine enge Beziehung zu einem Haustier hast oder hattest, weißt du vielleicht, dass diese Beziehungen genauso eng sind wie die zu Menschen, manchmal sogar noch enger. Dass Irina noch Monate nach dem Verlust ihrer Katzen so sehr litt, lag daran, dass sie nicht bereit war, die Schnüre zu durchtrennen, die sie mit der *Körperlichkeit* ihrer Katzen verbanden. Dies ist ein wichtiger Unterschied. Die Schnüre, die sie mit den Geistern ihrer Katzen verbanden, waren positiv und erlaubten ihr, mit ihnen in der Geisterwelt zu kommunizieren. Sie hatte aber auch Bindungsschnüre zur physischen Anwesenheit ihrer Katzen im Haus, was viel Schmerz verursachte. Nachdem wir eine Weile miteinander gearbeitet hatten, war sie in der Lage, diese Bindungsschnüre zu durchtrennen, ihren Verlust zu akzeptieren und die Beziehung zu ihren toten Katzen in eine spirituelle zu verwandeln.

Orte

Wir haben Bindungsschnüre zu allen Ländern, Städten und Häusern, in denen wir gelebt haben. Inwieweit diese Schnüre positiv oder negativ sind, hängt von der Qualität der Beziehung ab, die wir zu diesen Orten hatten. Wie weit wir uns auch von einer Stadt oder einem Land entfernen mögen: Wenn wir die negativen Schnüre nicht durchtrennen, werden wir weiterhin sowohl von der Energie dieses Ortes beeinflusst als auch von den negativen Erfahrungen, die wir dort gemacht haben. Der griechische Dichter Konstantin Kavafis brachte dies in seinem Gedicht »Die Stadt« (übersetzt von Gerda Kazakou) ziemlich treffend zum Ausdruck: *Neue Orte wirst du nicht finden, nicht finden andere Meere. Die Stadt wird dir folgen.*

Mit 19 Jahren verließ ich mein Heimatland Zypern und zog nach Großbritannien, um an der Universität zu studieren. In der Hoffnung auf einen Neuanfang ließ ich eine schmerzhafte Kindheit, die von Mobbing, Ablehnung und einem Beinahe-Selbstmordversuch geprägt war, hinter mir. Doch obwohl ich meilenweit von Zypern und den damit verbundenen schmerzhaften Erinnerungen entfernt war, musste ich feststellen, dass ich immer noch dieselben Gewohnheiten pflegte und unter denselben Ängsten und einschränkenden Überzeugungen litt wie zu der Zeit, als ich auf Zypern lebte. Der Grund dafür waren die toxischen Bindungsschnüre zu meiner Heimatinsel und all den negativen Erfahrungen, die ich dort gemacht hatte. Erst nachdem ich diese Schnüre bewusst durchtrennt hatte, konnte ich heil werden und neu anfangen.

Frühere Leben

Seit über zehn Jahren mache ich Rückführungen mit Menschen, damit sie ihre früheren Leben aktiv erfahren können. Und ich bin zu dem Schluss gekommen, dass viele Traumata, die wir in diesem Leben haben, Überbleibsel von Traumata aus früheren Leben sind. Wenn wir in einem oder mehreren früheren Leben etwas Traumatisches erlebt haben und dieses Trauma nicht geheilt und gelöst wurde, kommen wir mit der Erwartung, es erneut zu erleben, in unser gegenwärtiges Leben. Infolgedessen schaffen wir, besonders in unseren jungen Jahren, unbewusst neue Erfahrungen, um uns selbst zu retraumatisieren und unsere Erwartungen zu verwirklichen.

Ich sehe oft Bindungsschnüre aus früheren Leben, die sich bis zu dem damaligen Selbst der betroffenen Person erstrecken, das sich auch in der Aura der Person herumtreibt. Wenn ein bestimmtes Trauma aus früheren Leben wiederholt und über viele Leben hinweg erlebt wurde, reichen diese Schnüre bis in eine Reihe von früheren Leben und bilden eine starke Gruppenschnur, die bei der betroffenen Person die Fähigkeit lahmlegt, aus dem traumatischen Muster auszubrechen.

Bindungsstränge aus früheren Leben zeigen sich oft als irrationale Ängste und Phobien, aber auch als Kindheitstraumata, die bei genauerer Betrachtung in Wirklichkeit Traumata aus früheren Leben sind. Indem du die Schnüre zu früheren Leben durchtrennst und das alte Trauma durch die Heilung früherer Leben und entsprechende Heilungsarbeit löst, kannst du den Einfluss der Vergangenheit erfolgreich abschütteln und deine Zukunft mit positivem Blick angehen.

Überzeugungen

Genauso wie wir Bindungsschnüre zu physischen Wesen wie Menschen oder zu Objekten haben können, können wir solche Schnüre auch zu immateriellen Konstrukten wie Ideen und Überzeugungen haben. Von jeder einzelnen Überzeugung, die wir haben, sei sie positiv oder negativ, geht eine Bindungsschnur aus, die sich von uns bis in die kollektive Gedankenform dieser Überzeugung erstreckt. Wie ich bereits erwähnt habe, werden kollektive Gedankenformen von den Gedanken, den Gefühlen und der Energie all der Menschen geschaffen, die jemals eine bestimmte Überzeugung hatten, sie immer noch haben oder zu ihrer Entstehung beigetragen haben. Wenn wir intensiv und ständig Gedanken und Gefühle haben, die sich auf eine bestimmte Überzeugung beziehen, haken wir uns schließlich in die kollektive Gedankenform dieser Überzeugung ein, was unsere Verbindung zu ihr nährt und immer stärker macht.

Nachdem wir diese Bindungsstränge identifiziert und durchtrennt haben, fühlen wir uns oft energetisch von den Überzeugungen befreit, die uns eingeschränkt haben, können uns aber aus reiner Gewohnheit leicht wieder an sie binden. Daher zeige ich Menschen, nachdem ich ihnen zuvor geholfen habe, die Schnüre zu ihren einschränkenden Überzeugungen zu durchtrennen, wie man neue Schnüre schafft und an positive Überzeugungen knüpft, die denen entgegenwirken, die sie gerade losgelassen haben. Dieser energetische Wandel überträgt sich schließlich auf ihre mentalen und emotionalen Körper und hilft ihnen, die neuen Überzeugung in Gedanken, Worte und Emotionen umzusetzen.

Dinge

Oft verbinden uns toxische Schnüre mit verschiedenen Gegenständen, zu denen wir eine emotionale Bindung hatten. Dazu gehören Familienerbstücke, Briefe, Fotos und Geschenke, die uns Ex-Partner, Freunde oder Familienmitglieder gemacht haben. Wenn die Beziehung zu den Personen, die wir mit diesen Dingen in Verbindung bringen, nicht einvernehmlich endete, überträgt sich die Wut, das Gefühl, verraten worden zu sein, oder die Ablehnung, die wir oder die andere Person empfinden, automatisch auf diese Dinge. Selbst wenn du deine Bindungsschnur zu den betreffenden Menschen durchtrennst, bist du über diese Objekte, also über dünnere Fasern der Schnur, immer noch mit ihnen in Verbindung. Daher ist es wichtig, dass du diese Dinge ausmistest, um dich physisch von ihnen zu trennen.

Hinzu kommt, dass Familienerbstücke, die von Generation zu Generation weitergegeben wurden, auch die angesammelte Energie aller Menschen enthalten, die sie jemals besessen haben, und Bindungsschnüre zu ihnen und ihren Erfahrungen knüpfen. Solche Dinge sollte man verkaufen, verschenken oder anderweitig loswerden. Wenn du das nicht willst, kannst du ihre Energie auch mit einer der Reinigungstechniken aus Teil II dieses Buches klären. Indem du dich physisch von Objekten trennst, zu denen du eine toxische Bindung hast, durchtrennst du automatisch die energetische Schnur, die dich mit ihnen verbindet, und befreist dich von der Kontrolle, die sie über dich haben.

Kapitel 6

ENERGIESCHUTZ IN SIEBEN SCHRITTEN

Tust du etwas für den Schutz deiner Energie, fühlst dich aber trotzdem energetisch angegriffen? Schirmst du dich mit weißem Licht ab, bevor du deinen Tag beginnst, bist abends aber dennoch müde und erschöpft? Gibst du dir letztendlich so viel Mühe, deine Energie zu schützen, dass es sich wie ein Vollzeitjob anfühlt?

Das liegt vermutlich daran, dass du nicht alle oder nicht die richtigen Schritte zum Energieschutz unternimmst. Der größte Fehler, den Menschen beim Energieschutz machen, ist, ihre Energie abzuschirmen, ohne sich vorher die Zeit zu nehmen, sie zu klären. Dies schützt sie zwar vor einem eingehenden Energieangriff, löscht aber die bestehenden Energieanhaftungen nicht aus ihrem Energiefeld. Vielmehr schirmt es sie ab und hindert sie daran, sie loszulassen.

Selbst wenn du dir die Zeit nimmst, um Energieanhaftungen aus deinem Energiefeld zu entfernen, bevor du dich abschirmst, musst du vor und nach dem Klärungs- und Abschirmungsprozess wichtige Schritte unternehmen, um sicherzustellen, dass der Schutz dauerhaft und effektiv ist. In diesem und den folgenden Kapiteln lernst du meinen siebenstufigen Prozess zum

Schutz deiner Energie und zur Sicherung deiner energetischen Authentizität kennen.

Hier der siebenstufige Energieschutzrahmen zusammengefasst:

1. Zentrieren
2. Erden
3. Verbinden
4. Identifizieren
5. Klären
6. Abschirmen
7. An sich arbeiten

Wir werden die Schritte 1 bis 4 in diesem ersten Teil des Buches behandeln und dann in Teil II mit den Klärungsprozessen und in Teil III mit den Abschirmungsprozessen fortfahren.

Kapitel 7

ZENTRIEREN UND ERDEN

Die ersten beiden Schritte im Energieschutzprozess sind Zentrieren und Erden. Diese unterschätzten Übungen sind meiner Meinung nach sogar die beiden wichtigsten Schritte zum Schutz unserer Energie. Diese Übungen zu beherrschen, wird dir helfen, Kontrolle über deine Energie zu bekommen, damit du die Klärungs- und Abschirmungsarbeit später sicher erledigen kannst.

Was bedeutet Zentrieren?

Zentrieren ist einer dieser spirituellen Begriffe, über die alle reden, die aber nur wenige verstehen. Ich erinnere mich, dass ich davon gelesen habe, als ich mich im Alter von fünfzehn Jahren zum ersten Mal auf den spirituellen Weg machte. Zentrieren wurde fast immer in Verbindung mit Erden verwendet, aber ich fand nie eine klare Definition dafür oder eine Erklärung, was es wirklich bedeutete. Also dachte ich immer, dass Zentrieren und Erden ein und dasselbe sind. In Wahrheit unterscheiden sie sich deutlich voneinander.

Zentrieren bedeutet sicherzustellen, dass dein physischer Körper und deine geistigen Körper im selben Raum präsent sind. Es geht darum, vollständig in deinem Körper präsent zu sein. Wie in Kapitel 4 besprochen, hat unsere Aura sieben Hauptschichten. Jede Auraschicht ist eine eigene Welt mit einzigartigen Eigenschaften, die es uns ermöglichen, die Welt, in der wir leben, auf unterschiedliche Weise wahrzunehmen. Diese Schichten sind zwar miteinander verbunden, funktionieren aber auch unabhängig voneinander und erlauben uns, Dinge aus ihrer Sicht wahrzunehmen, wenn wir es möchten.

Wenn wir dies bewusst tun, können wir das Leben durch die verschiedenen Schichten und Dimensionen unserer Aura wahrnehmen, um unsere Gedanken und Emotionen zu verarbeiten, mit unseren Geistführern zu kommunizieren, unsere Intuition und andere spirituelle Fähigkeiten zu entwickeln und auf unserer spirituellen Reise voranzukommen.

Wenn unsere Wahrnehmung jedoch unbewusst oder willkürlich zwischen diesen Schichten hin und her wechselt, machen wir uns anfällig für Energieangriffe. Wie oft hast du eine manuelle Aufgabe ausgeführt (unter Einsatz deines physischen Körpers), während du gleichzeitig an etwas völlig anderes gedacht hast (unter Einsatz deines mentalen Körpers)? Dann war dein physischer Körper bei einer bestimmten Aufgabe präsent, während dein mentaler Körper mit einer anderen beschäftigt war. Mit anderen Worten: Du standest irgendwie neben dir, warst nicht bei der Sache oder unkonzentriert – alles Begriffe, die verwendet werden, um einen Mangel an Zentriertheit zu beschreiben.

Nicht zentriert zu sein ist in der heutigen Zeit besonders weit verbreitet, weil unsere Aufmerksamkeit ständig in so viele verschiedene Richtungen gelenkt wird. In einer Welt der Informationsüberflutung üben wir uns alle ständig im Multitasking, indem wir versuchen, alles gleichzeitig zu tun und gleichzeitig für alle da zu sein. Wir gehen mit unseren Freunden zum Abendessen, und obwohl unser Körper da am Tisch sitzt, führen wir am Handy ein völlig anderes Gespräch mit jemandem, der ganz woanders ist. Wir trainieren im Fitnessstudio, und während unser Körper trainiert, hört unser Geist einen Podcast. Wir fahren in den Urlaub, doch anstatt die Zeit damit zu verbringen, jeden Moment zu genießen, konzentrieren wir uns darauf, jedes einzelne Detail bei Instagram zu posten und sind so gleichzeitig in zwei verschiedenen Dimensionen.

Zentrieren als Energieschutz

Das kollektive Leben der Menschheit befindet sich gerade in einer Zentrierungskrise. Aus energetischer Sicht haben wir bewusst zugelassen, dass die einzelnen Körper oder Schichten unserer Aura unverbunden funktionieren, ohne zu erkennen, dass uns dies anfällig für Energieangriffe macht. Wenn unsere Auraschichten nicht längere Zeit in derselben Raum-Zeit-Realität präsent sind, sind wir im Grunde nicht in unserem eigenen Wesen präsent und erlauben Eindringlingen, unseren Körper und unsere Energie anzugreifen, zu beeinflussen oder sogar zu übernehmen.

Die oberen vier Schichten unserer Aura, vor allem die geistigen Schichten, existieren in ganz unterschiedlichen Dimensionen der Wirklichkeit mit Wesen und Energien, die über das menschliche Zeitalter hinausgehen. In diesen Dimensionen können wir Engel, unsere Geistführer und aufgestiegenen Meister konkreter erleben, aber sie sind auch die Dimensionen, in denen wir Geistern von unteren Ebenen begegnen können, die nicht unser Bestes wollen. Der bewusste Zugang zu diesen Auradimensionen kann uns auf unserer geistigen Reise unterstützen, macht uns aber auch anfällig für Angriffe, wenn wir sie uns von einem Ort aus erschließen, an dem wir nicht zentriert und von unserer vollen Präsenz getrennt sind.

Wenn es um den Schutz unserer Energie geht, stellen die Zentriertheit und die Präsenz aller unserer Körper im selben Raum unseren angeborenen Energieschutzmechanismus wieder her und stärkt ihn. Vergiss nicht, dass der kraftvollste Energieschutzprozess darin besteht, unser inneres Wesen auf unser wahres Selbst auszurichten. Das Zentrieren erleichtert diese Ausrichtung, hilft uns aber auch, andere Energieschutzprozesse achtsam zu nutzen. Deshalb ist es der erste Schritt im Energieschutzprozess.

Der Prozess des Zentrierens

Zentriert zu sein ist dein natürlicher Seinszustand. Und so sehr du es dir auch angewöhnt hast, im Leben nicht zentriert zu sein, es ist einfach, in einen zentrierten Zustand zurückzukehren. Die folgende Methode setze ich seit Jahren ein, um meine Energie zu zentrieren. Du kannst sie jederzeit durchführen, wenn du das Gefühl hast, dass es dir an Präsenz und Konzentration fehlt, und auch als ersten Schritt in deiner Energieschutzpraxis einsetzen.

Hier die einzelnen Schritte:

1. Setze dich bequem hin und schließe die Augen.
2. Atme lang und tief durch die Nase ein, ziehe die Luft bis in den Bauch und atme dann vollständig aus, bis deine Lungen leer sind.
3. Konzentriere dich beim Atmen darauf, deinen physischen Körper zu entspannen. Beginne bei deiner Schädeldecke und bewege dich in deiner Vorstellung schrittweise durch alle Teile deines Körpers nach unten. Sammle Stress und An-

spannung mit dem Einatmen ein und lass sie mit dem Ausatmen los.

4. Sobald dein Körper vollständig entspannt ist, setze dein inneres Auge ein, um ein Gefühl für deinen emotionalen Körper zu bekommen, die zweite Schicht deiner Aura. Diese Schicht ist dein emotionales Zentrum, daher bedeutet der Zugang zu ihr im Wesentlichen, ein Gespür dafür zu bekommen, wie du dich fühlst. Konzentriere dich bei jedem Atemzug einfach auf alle Gefühle, die du hast, und lass sie zu. Sie anzuerkennen reicht aus, um deinen emotionalen Körper zu zentrieren.
5. Geh weiter zum mentalen Körper deiner Aura, der dritten Schicht, und gehe genauso vor wie vorher. Erkenne einfach die Gedanken an, die in deinem Kopf auftauchen, und lass sie dort sein.
6. Visualisiere die verbleibenden vier Schichten deiner Aura zusammen vor deinem inneren Auge. Dies sind die geistigen Schichten und sie sind nicht so leicht zugänglich wie die ersten drei. Doch alles, was du tun musst, um sie in einen zentrierten Zustand zu bringen, ist, weiterzuatmen und dir dabei vorzustellen, wie sie ihre natürliche Position um deinen physischen Körper herum einnehmen.
7. Sobald du die sieben Schichten oder Körper deiner Aura achtsam bestätigt hast, richtest du deine Aufmerksamkeit ins Zentrum deines Herzens und stellst dir vor, wie dein Herzchakra alle sieben Schichten magnetisch anzieht, während sie sich energetisch darin verankern. Als der Punkt, der deine physischen und deine geistigen Körper verbindet, ist dein Herz das Steuerrad deiner Zentriertheit, und indem du deine Auraschichten darin verankerst, sicherst du es.
8. Wenn du dich präsent, zentriert und fokussiert fühlst, atme noch ein paarmal tief durch und öffne die Augen.

Was bedeutet Erden?

Während beim Zentrieren sichergestellt werden soll, dass dein physischer und dein spiritueller Körper sich in demselben Raum aufhalten und dort präsent sind, stellt das *Erden* sicher, dass dein Wesen mit all seinen verschiedenen Körpern fest auf der Erde präsent und mit ihr verbunden ist. Zentrieren ist eine Voraussetzung für das Erden, denn um bewusst auf der Erde präsent und mit ihr verbunden zu sein, musst du (als Ganzes) im gegenwärtigen Moment sein, und genau dazu verhilft dir das Zentrieren.

Wir bezeichnen unseren Planeten als Mutter Erde, weil er aus metaphysischer Sicht unsere Mutter ist. Ohne die Erde wären wir nicht die, die wir heute sind. Unser Planet ist die Bühne, von der alles Leben ausgeht, und ohne ihn wären wir nur ein immaterielles Quellenergie-Bewusstsein. Unsere leibliche Mutter hat uns vielleicht auf diese Welt gebracht, aber das war nur möglich, weil es überhaupt eine Welt gibt.

Die alten Zivilisationen unserer Welt wussten dies sehr genau. Daher ehrten und respektierten sie die Erde und lebten im Einklang mit ihr. Vor dem Aufkommen moderner, menschengemachter Religionen wie Judentum, Christentum und Islam war das Heidentum, eine erdbasierte spirituelle Tradition, die vorherrschende Religion in vielen Kulturen auf der ganzen Welt. Das Heidentum unterscheidet sich insofern von modernen Religionen, als es darauf basiert, die natürlichen Zyklen der Erde zu ehren und in Übereinstimmung mit ihnen zu leben und zudem die Quelle in allem und jedem zu sehen, einschließlich der Erde. Daher war der Akt des Erdens ein fester Bestandteil des religiösen und sozialen Lebens. Dies steht im Gegensatz zu den Gepflogenheiten des modernen Lebens und der Religion, in denen die Quelle als von der Erde getrennt und oft als etwas Abstraktes und vom täglichen Leben Entferntes wahrgenommen wird.

Erden als Energieschutz

Genau wie wir energetische Bindungsschnüre haben, die uns mit unserer menschlichen Mutter und anderen Menschen in unserem Leben verbinden, haben wir auch eine Schnur, die uns mit der Erde verbindet. Im Gegensatz zu den Schnüren zu Menschen, die bewusst durchtrennt werden können, wenn eine Beziehung nicht funktioniert, kann unsere Erdschnur nur durchtrennt werden, wenn wir zur Quelle zurückkehren.

Solange wir leben, kann unsere Verbindung zur Erde zwar niemals durchtrennt, wohl aber geschwächt werden. Wenn wir nicht zentriert sind und einen Großteil unserer Zeit außerhalb unseres physischen Körpers verbringen, wird die Schnur, die uns mit der Erde verbindet, schwächer, was dazu führt, dass wir uns von der physischen Welt um uns herum getrennt fühlen. Wenn du beispielsweise schläfst oder eine Visualisierung oder geführte Meditation machst, löst du dich bewusst ein wenig von der Erde, damit sich dein Körper ausruhen kann oder du eine spirituelle Erfahrung machen kannst. Aber direkt nach dem Schlafen oder Meditieren fühlst du dich meist instinktiv dazu angeleitet, ein wenig Wasser zu trinken, etwas zu essen oder dich körperlich zu betätigen, um deine Verbindung zur Erde wiederherzustellen.

Auf der anderen Seite kann es dich anfällig für Energieangriffe machen, wenn du unbewusst nicht geerdet bist. Wenn du regelmäßig von der Erde getrennt bist, trennst du dich im Prinzip von deinem eigenen Körper und deiner Körperlichkeit. Dies bringt nicht nur deine Ausrichtung auf die Quelle und dein inneres Wesen durcheinander, es setzt deinen Körper auch der Geisterwelt und anderen externen Energien aus. Das hat zur Folge, dass deine natürlichen Energieschutzmechanismen geschwächt werden, was dich anfällig für Energieangriffe macht.

Indem du dir Zeit nimmst, um deine Energie bewusst zu erden und deine Verbindung zur Erde zu stärken, richtest du dich vollständig auf deinen Körper und dein inneres Wesen aus und sendest das Signal, dass du in deinem Körper und auf dem Planeten zu Hause bist und dass deine Energie intakt ist – und es auch bleiben wird.

Darüber hinaus ist das Erden an sich ein sehr kraftvoller Klärungs- und Abschirmungsprozess. Die Schnur, die dich mit der Erde verbindet, hat zwei unterschiedliche Energieröhren. Durch die eine wird negative und überschüssige Energie ausgespült. Über die andere wird die Lebenskraft deines Körpers aus den unerschöpflichen Reserven der Erde immer wieder aufgefüllt. Erden ist also das wichtige Fundament des Energieschutzes, weil es die grundlegende Kraftquelle deines energetischen Immunsystems darstellt.

Der Prozess des Erdens

Du kannst vieles tun, um dich zu erden. Manches ist so einfach, beispielsweise barfuß durch die Natur zu gehen, etwas zu essen oder einfach nur ein paarmal in die Hände zu klatschen. Für den Energieschutz ist es jedoch wichtig, dass du dich tiefer und bewusster erdest. Nutze den folgenden Meditationsprozess, um dich zu erden, nachdem du den weiter vorn vorgestellten Zentrierungsprozess durchlaufen hast.

Hier die einzelnen Schritte:

1. Setze dich hin, begib dich in einen meditativen Zustand und schließe die Augen.
2. Nachdem du dich zentriert hast, konzentrierst du dich auf dein Wurzelchakra an der Basis deiner Wirbelsäule. Du kannst es dir als eine helle Kugel aus rubinrotem Licht vorstellen. Dein Wurzelchakra steuert deine Verbindung zur Erde und zu der physischen Welt um dich herum. Und es ist dein Hauptchakra, wenn es darum geht, an deiner Erdung zu arbeiten.
3. Visualisiere eine Bindungsschnur, die sich von deinem Wurzelchakra bis in die Erde unter dir erstreckt. Lass diese Schnur immer tiefer in die Erde vordringen, durch verschiedene Erdschichten, durch Höhlen und Kristallberge und über die Schwelle der Erdkruste hinaus ins Magma, bis sie im Erdkern angekommen ist.
4. Dann schlingt sich die Schnur um den Erdkern, der wie ein riesiger roter Kristall aussieht, deinem Wurzelchakra sehr ähnlich.
5. Nachdem du dich mittels der Schnur um den Erdkern gebunden hast, stellst du dir vor, wie Stress, Anspannung und Negativität durch diese Schnur aus deinen verschiedenen Körpern in die Erde gespült werden, und lässt diese Energie von Gaia erneuern. Lass gleichzeitig heilende, erdende Energie aus der Erde durch diese Schnur hinauf in deinen physischen Körper strömen, um dich mit Energie zu versorgen und zu erden.
6. Bleibe so lange in dieser Position, wie es sich für dich richtig anfühlt. Wenn du fertig bist, atmest du tief ein und öffnest die Augen. Du fühlst dich rundum wohl und geerdet.

Dich zu zentrieren und zu erden sind die beiden wichtigsten Schritte, die du tun kannst, um deinen natürlichen Energieschutzmechanismus zu stärken und dich aktiv von Energicanhaftungen zu befreien und gegen sie abzuschirmen. Im nächsten Kapitel beschäftigen wir uns mit dem dritten Schritt des Energieschutzprozesses, bei dem es darum geht, dich mit deiner Reinigungs- und Schutzkraft in Verbindung zu bringen.

Kapitel 8

VERBINDUNG MIT DEINER SCHUTZKRAFT AUFNEHMEN

Du selbst bist dein mächtigstes Energieschutzwerkzeug. Alle Werkzeuge, Prozesse, Techniken und Meditationen, die du in diesem und anderen Büchern kennenlernen wirst, sind nur so stark wie deine eigene Schutzkraft. Genau gesagt: Dein physischer Körper und deine Absicht sind alles, was du brauchst, um dich selbst zu reinigen und abzuschirmen. Alle anderen Prozesse sind Ergänzungen.

Dass wir Werkzeuge und Prozesse zum Schutz unserer Energie oder für spirituelle Bestrebungen verwenden, liegt teilweise daran, dass es Spaß macht, aber hauptsächlich daran, dass wir uns von etwas Körperlichem und Konkretem einen Mehrwert erhoffen. Der Grund, warum wir in dieser vielfältigen physischen Welt inkarniert sind, anstatt in der geistigen Welt zu bleiben, ist, dass wir unsere Kreativität und unser Bewusstsein der Quellenergie auf physische und praktische Weise zum Ausdruck bringen wollten. Unsere Körperlichkeit bringt uns also in eine unvermeidliche Abhängigkeit von physischen Objekten, Werkzeugen und Prozessen.

Obwohl wir wissen, dass wir ein Teil und eine Erweiterung der Quelle sind, und obwohl wir uns darüber im Klaren sind, dass wir die Essenz der Quelle als Ganzes zum Schutz anrufen können, genießen wir es gleichzeitig, die Quelle in eine Vielfalt von spirituellen Wesen aufzuteilen, etwa Götter, Göttinnen und Elementare, weil wir so einfacher mit ihr arbeiten können.

Erinnere dich, während du die Prozesse in diesem Buch durchgehst, verschiedene Techniken kennenlernst und dich mit verschiedenen Geistführern verbindest, immer wieder daran, dass diese Wesen und diese Prozesse dir nicht wirklich etwas bieten, das du dir nicht selbst bieten kannst. Sie sind Erweiterungen deiner eigenen Schutzkraft und nur so effektiv, wie du es zulässt. Gleichzeitig sind die Geistwesen, mit denen du dich verbindest, nicht von dir getrennt, weil wir alle Teil des gleichen Quellenergie-Bewusstseins sind. Sie sind einfach unterschiedliche Ausdrucksformen der Quelle und damit von dir, und helfen dir, leichter auf bestimmte Energien und Eigenschaften zuzugreifen, die du bereits hast.

Meditation für den Eintritt in deine Schutzkraft

Bevor wir in den Teil dieses Buches eintauchen, der den Klärungs- und Abschirmprozess behandelt, ist es wichtig, dass du deine Schutzkraft vollständig verkörperst. Die folgende Meditation wird dir dabei helfen.

Hier die einzelnen Schritte:

1. Schließe die Augen, um in einen meditativen Zustand zu kommen, und führe die Schritte zum Zentrieren und Erden deiner Energie aus, wie in Kapitel 7 beschrieben.
2. Richte deine Aufmerksamkeit auf dein Solarplexuschakra. Dein Solarplexus ist das Tor zu deiner persönlichen Kraft. Es wandelt die schützende Energie der Quelle durch dein We-

sen um, weckt deine innere Stärke, dein Vertrauen und deine Willenskraft und hilft dir, dich in deinem Körper und in der Welt sicher zu fühlen.

3. Visualisiere dein Solarplexuschakra als kleine Kugel aus gelbem Licht in der Mitte des Solarplexusbereichs, die mit jedem Atemzug größer wird. Betrachte, wie sich diese goldene Lichtkugel ausdehnt, bis sie deinen ganzen Körper ausfüllt und sich bis in deine Aura ausdehnt. Wenn dies geschieht, spürst du, wie deine Schwingung ansteigt, deine Lebenskraft zunimmt und deine natürliche Schutzkraft dein ganzes Sein durchflutet.
4. In diesem Zustand sprichst du die folgende Affirmation dreimal in Gedanken oder laut aus: *Ich trete in meine Kraft, um mich selbst zu schützen. Ich bin in meiner Energie zentriert und gut geerdet. Ich bin sicher und geborgen.* Bleibe so lange in diesem Zustand, bis du dich erhaben und unbesiegbar fühlst.
5. Wenn du fertig bist, atme tief ein und beende allmählich die Meditation.

Dein Energieschutzwächter

Nachdem du deine angeborene Schutzkraft vollständig verkörpert hast, bist du nun bereit, sie weiter auszubauen, indem du dich mit deinem *Energieschutzwächter* verbindest. Das ist ein persönlicher Geistführer, mit dem du dich verbinden kannst und der dich in den kommenden Klärungs- und Abschirmprozessen unterstützt. Dein Energieschutzwächter kann ein Geistführer sein, mit dem du bereits arbeitest, etwa ein Schutzengel oder ein Elementarwesen. Es kann aber auch jeder neue Geistführer sein, der mit dir Kontakt aufnehmen möchte, etwa andere Engel oder Elementare, ein Erzengel, ein aufgestiegener

Meister, ein Gott oder eine Göttin oder jede andere wohlwollende Gottheit, mit der du arbeiten möchtest.

Stell dir deinen Energieschutzwächter als eine Erweiterung deiner angeborenen Energieschutzkraft vor, die als dein Anwalt in der Geisterwelt fungiert. Dieser Wächter ist dafür verantwortlich, dich mit anderen Geistführern zu verbinden, die du um Schutz bitten möchtest. Er leitet dich an, wenn es um die Auswahl der besten Reinigungs- und Abschirmwerkzeuge geht, er hält die Wirksamkeit deiner Energieschilde den ganzen Tag über aufrecht und fungiert sogar als dein energetischer Leibwächter, wenn deine natürliche Energieabwehr geschwächt ist. Sobald du deinen Energieschutzwächter kennengelernt hast, wird er jederzeit bei dir sein (solange du ihn dort haben willst), dich führen, unterstützen und beschützen.

Wende die folgende Meditation an, um deinen Energieschutzwächter kennenzulernen:

1. Schließe die Augen und begib dich in einen meditativen Zustand. Führe die Schritte zum Zentrieren und Erden deiner Energie aus, wie in Kapitel 7 beschrieben.
2. Richte deine Bitte, deinen Energieschutzwächter kennenzulernen, an das Universum, indem du dir in Gedanken oder laut sagst: *Ich rufe meinen persönlichen Energieschutzwächter auf, zu mir zu kommen und sich so zu zeigen, dass ich ihn ganz klar erleben kann.* Gleichzeitig lässt du alle Erwartungen los und bleibst ganz ruhig, während du tief durchatmest und wahrnimmst, wer sich zeigt. Je nach deiner dominanten Intuitionssprache nimmst du du deinen Energieschutzwächter visuell, mental, emotional oder auditiv wahr. (In meinen Büchern *Be the Guru* und *Lightworkers Gotta Work* erfährst du mehr darüber, wie man seine wichtigste Intuitionssprache findet und stärkt.)

3. Wenn dein Wächter sich zeigt, nimm dir etwas Zeit, ihn kennenzulernen, und zwar so wie du es mit einem neuen Freund tun würdest. Frage ihn unbedingt, warum er sich entschieden hat, mit dir zusammenzuarbeiten und dir Ratschläge in Bezug auf das zu geben, was du tun kannst, um deine natürlichen Abwehrmachanismen zum Energieschutz zu stärken.
4. Bevor du die Meditation beendest, bittest du deinen Energieschutzwächter, während der Zeit bei dir zu bleiben, in der du die Prozesse in diesem Buch durchprobierst, und dich bei deinen täglichen Energieschutzübungen anzuleiten. Einen konkreten Ablauf für die Arbeit mit deinem Energieschutzwächter findest du in Kapitel 36.

Kapitel 9

ALLES EINE FRAGE DER ANZIEHUNG

Wenn wir erfahren, wie andere Menschen, Dinge, Orte und frühere Leben unsere Energie beeinflussen können, kann es leicht passieren, dass wir uns selbst als Opfer sehen und alle und alles außer uns selbst für unsere Gefühle, unsere Lebensumstände und unser Pech verantwortlich machen. Eine Lektion, die zwar hart ist, die du aber auf der Reise zum Schutz deiner Energie unbedingt lernen musst, ist, dass aus spiritueller Sicht nichts nur einfach so durchgesetzt oder geltend gemacht werden kann. Vielmehr ist alles eine Frage der Anziehung. Mit anderen Worten: Niemand hat die Macht, eine negative oder positive Erfahrung in deinem Leben durchzusetzen, es sei denn, deine Schwingung passt zu dieser Erfahrung.

Ich habe dies in früheren Kapiteln zwar bereits erwähnt, aber es ist es wert, noch einmal darauf einzugehen und einen Schritt weiterzugehen. Eines der mächtigsten Gesetze im Universum ist das *Gesetz der Anziehung*, das besagt, dass Gleiches Gleiches anzieht. Das Gesetz der Anziehung reagiert auf unsere Schwingungsfrequenz und damit auf unsere Gefühle, die wiederum von unseren Gedanken und Worten beeinflusst werden. Einfach ausgedrückt: Wir ziehen Dinge, Menschen und Erfahrungen an, deren Schwingung mit unseren Gefühlen übereinstimmt. Für den Energieangriff heißt das, dass wir Energieanhaftungen nur dann anziehen können, wenn unsere Schwingungsfrequenz, also die Art, wie wir uns fühlen, mit der Schwingungsfrequenz der Energieanhaftung übereinstimmt.

Da wir Energieangriffe also selbst anziehen, hat die eigentliche Energieschutzarbeit sehr viel mit innerer Arbeit zu tun – damit, dass wir die wahren Ursachen hinter dem, was wir anziehen, identifizieren und Maßnahmen ergreifen, um sie zu heilen und aufzulösen. Aufgrund meiner jahrelangen Erfahrung in der Arbeit mit Menschen habe ich drei Hauptursachen für Energieangriffe identifiziert: ungelöste Traumata, einschränkende Überzeugungen und chronisch negatives Denken.

Ungelöste Traumata

Als ich anfing, mich mit Energieschutz zu beschäftigen und ihn zu praktizieren, tappte ich in die Falle, mich ständig als Opfer zu fühlen und zu denken, alle hätten es auf mich abgesehen. Immer wenn ich jemanden neu kennenlernte, mit einer Gruppe von Leuten zusammen war oder mich in Menschenmengen aufhielt, kam ich später nach Hause und identifizierte Dutzende von übersinnlichen Dolchen in meinem Rücken. Als meine Hellsichtigkeit stärker wurde und ich diese Dolche klarer sehen konnte, erkannte ich jedoch, dass ich mir die Stiche selbst zugefügt hatte und sie nicht von anderen stammten.

Ich war verblüfft und forschte genauer nach, um die eigentliche Ursache dessen, was ich da erlebte, zu identifizieren. Nach einigem Hin und Her kam ich zu dem Schluss, dass ich eine noch immer ungelöste Angst vor Verurteilung und Mobbing hatte, die aus meiner Kindheit stammte. Aufgewachsen als jemand, der schwul und anders ist, habe ich viel Mobbing erlebt, nicht nur von anderen, sondern auch von mir selbst. Infolgedessen rechnete ich immer damit, von Menschen verurteilt und angegriffen zu werden. Obwohl ich viel getan hatte, um diese Kindheitsangst zu heilen – ich habe sogar zwei Bücher darüber geschrieben –, war ein Teil davon immer noch in mir aktiv, sodass ich jedes Mal, wenn ich jemanden kennenlernte, unbewusst erwartete, abgelehnt und angegriffen zu werden. Seit mir das klar geworden ist, spüre ich deutlich weniger übersinnliche Dolche in meinem Rücken.

In diesem Sinne solltest du Energieanhaftungen mit wachem Geist beobachten, bevor du sie löschst. Suche unter der Oberfläche nach früheren traumatischen Erfahrungen, die noch nicht gelöst sind und möglicherweise die falsche Vorstellung erzeugt haben, angegriffen zu werden. Eine einfache Möglichkeit besteht darin, die negative Emotion zu identifizieren, die durch eine Energieanhaftung hervorgerufen wird, und sich dann zu fragen: *Wann habe ich dieses Gefühl zum ersten Mal gehabt?* So können dein Geist und dein Körper nach traumatischen Erinnerungen suchen, die möglicherweise zu dem beigetragen haben, was du als Angriff wahrgenommen hast. Wenn Erinnerungen auftauchen, erkunde sie mithilfe der Tagebuchübung am Ende dieses Kapitels, um sie besser zu verstehen. Sollte nichts Signifikantes auftauchen, erlebst du gerade möglicherweise tatsächlich einen Energieangriff.

Abgesehen davon, dass sie uns fälschlicherweise das Gefühl geben, angegriffen zu werden, können unsere ungelösten Traumata auch einen tatsächlichen Energieangriff hervorrufen. Unsere früheren traumatischen Erfahrungen prägen die Art und Weise, wie wir uns selbst, andere Menschen und die Welt um uns herum wahrnehmen, und damit auch unsere Gedanken, Gefühle und Überzeugungen. Daher erzeugen ungelöste Traumata normalerweise lang anhaltende einschränkende Überzeugungen, die unsere Schwingungsfrequenz senken und Menschen und Umstände anziehen, die das, was wir fühlen und glauben, sowohl bestätigen als auch ergänzen.

Indem du mit dem Ziel, frühere traumatische Erfahrungen zu identifizieren und loszulassen, an dir arbeitest, eliminierst du automatisch als Energieangriffe Empfundenes und reduzierst auch die Anzahl der echten Energieangriffe, die du anziehst.

Einschränkende Überzeugungen

Selbstsabotage ist im Spiel, wenn die Überzeugungen und Wünsche, die wir von beziehungsweise für uns selbst haben, nicht mit den Überzeugungen und Wünschen gleichziehen, die unser höheres Selbst von beziehungsweise für uns hat. Wenn sich in unserem Leben eine Gelegenheit für Wachstum, Glück und Erfüllung ergibt, kommt unser Ego ins Spiel und sabotiert sie. Normalerweise zeigt sich Selbstsabotage in Form von Ausreden und einschränkenden Gedanken über uns selbst, über andere Menschen und das Leben allgemein. Als Ergebnis unserer selbstsabotierenden Überzeugungen und der daraus resultierenden Ausreden ziehen wir unweigerlich Energieangriffe an, die uns einen einfachen Ausweg bieten. Wir können uns dann selbst belügen, indem wir behaupten, es sei nicht unsere Schuld, dass es nicht geklappt hat, weil andere es auf uns abgesehen haben oder wir eine Pechsträhne hatten.

Selbstsabotage zeigt sich bei Lichtarbeitern besonders deutlich, weil unsere kollektive Aufgabe über unser persönliches Wohlergehen hinausgeht und das Wohlergehen der ganzen Welt betrifft (mehr darüber und wie du deine Lebensaufgabe findest, kannst du in meinem Buch *Lightworkers Gotta Work* nachlesen). Als Faustregel gilt: Je größer unsere Lebensaufgabe ist, desto stärker sind die Selbstsabotagestrategien des Egos. Ich erlebe Selbstsabotage in den Onlinekursen und Workshops, die ich gebe, häufig als Energieangriff getarnt. Oft melden sich Menschen für einen Kurs an und freuen sich darauf, einen Sprung in ihrem persönlichen Wachstum und ihrer Entwicklung zu machen, nur um irgendwann im Verlauf des Kurses »zufällig« mit unüberwindbaren widrigen Umständen konfrontiert zu werden, die sie daran hindern, ihn zu beenden.

Normalerweise wurzelt Selbstsabotage in einer einzigen einschränkenden Grundüberzeugung, die wir von uns selbst haben und die dann weitere untergeordnete Überzeugungen schafft, auf die das Gesetz der Anziehung reagiert. Drama-Queens oder -Kings sind Paradebeispiele dafür, wie das funktioniert. Du erkennst sie als die Menschen in deinem Leben, mit denen du Stunden am Telefon verbringst, um ihnen mit gutem Rat zur Seite zu stehen, die deinen Rat aber nie annehmen. Diese Menschen haben tendenziell ein dramatisches Problem nach dem anderen und sind daher die perfekten Opfer für Energieangriffe. An der Oberfläche scheint es, als seien ihre täglichen Debakel das Ergebnis einer Reihe schlechter Entscheidungen, von negativem Denken und einschränkenden Überzeugungen. In Wahrheit sind sie nur das Ergebnis einer einzigen Grundüberzeugung, die wahrscheinlich früh in ihrem Leben entstanden ist, sich dann durchgesetzt hat und seitdem für Chaos sorgt.

Chronisch negatives Denken

Chronisch negatives Denken kann das Ergebnis eines ungelösten Traumas und einer Grundüberzeugung sein oder einfach eine Gewohnheit, die wir so lange gepflegt haben, dass wir gar nicht wissen, wie wir daraus ausbrechen können. In jedem Fall bringt chronisch negatives Denken chronisch negative Gefühle hervor, die unsere Schwingungsfrequenz senken und uns für eine Reihe von Energieanhaftungen anfällig machen. Es ist nicht schwer, in den Kaninchenbau des negativen Denkens zu fallen, weil wir in einer Welt leben, die es regelrecht glorifiziert. Du brauchst nur eine Woche lang konsequent die Nachrichten anzuschauen und wirst am Ende glauben, dass man es auf dich abgesehen hat, dass deine Träume niemals wahr werden und dass unser Planet stirbt. Darüber hinaus beweist die Popularität von Reality-TV, Klatschsendungen und dramatischen Filmen und Fernsehsendungen, dass wir in einer Welt leben, die von Drama und Negativität lebt.

Laut Bessel van der Kolk, Autor von *Das Trauma in dir* sehnt sich der Körper, sobald er sich an eine bestimmte unangenehme oder dramatische Situation gewöhnt hat, schließlich nach dem Drama. Er schreibt: »Diese allmähliche Anpassung signalisiert, dass im Körper ein neues chemisches Gleichgewicht geschaffen wurde. ... Genau wie bei der Drogenabhängigkeit fangen wir an, uns nach dieser Aktivität zu sehnen und haben Entzugserscheinungen, wenn sie nicht verfügbar ist. Auf lange Sicht beschäftigen sich Menschen mehr mit dem Schmerz des Entzugs als mit der Aktivität selbst.«[1]

Weil es so leicht ist, sich im Drama und in der chronischen Negativität zu verfangen, ist es unvermeidlich, dass die sich daraus ergebende niedrigere Schwingungsfrequenz eine Reihe von Energieanhaftungen von Menschen und Orten anzieht. Aus diesem Grund betonen so viele spirituelle Lehrer, wie wichtig eine tägliche spirituelle Praxis ist. Sie hilft uns, unsere chronische Negativität zu durchbrechen und stattdessen eine positive Anziehungskraft aufzubauen.

An sich arbeiten

Jetzt, wo du weißt, dass du für das Anziehen aller Energieanhaftungen verantwortlich bist und die drei Hauptursachen dahinter kennst, ist es an der Zeit, innere Arbeit zu leisten, die darin besteht, diese Anhaftungen zu identifizieren und aufzulösen. Die einfachste Möglichkeit, die ich dafür gefunden habe, ist ein Prozess, den ich *Die fünf Warums* nenne. In diesem Prozess wirst du dazu angeregt, die emotionale Reaktion hinter einer Energieanhaftung zu identifizieren und dich dann fünfmal zu fragen, warum du dieses Gefühl hast. Meiner Erfahrung nach ist man, wenn man sich zum fünften Mal fragt, warum man ein bestimmtes Gefühl hat, bei der einschränkenden Überzeugung dahinter angelangt. Diese einschränkende Überzeugung könnte in eine der drei zuvor erwähnten Kategorien fallen oder etwas anderes sein.

Hier ein Beispiel dafür, wie dieser Prozess abläuft:

Nehmen wir an, du hast einen übersinnlichen Dolch in deinem Rücken identifiziert. Bevor du ihn löschst, nimmst du dir ein wenig Zeit, um dich auf diesen Dolch einzustimmen und herauszufinden, wie du dich fühlst, wenn du ihn im Rücken hast.

Es macht mich wütend.

Frage dich dann fünfmal *warum* und beantworte diese Fragen intuitiv, also ohne darüber nachzudenken.

Warum macht es mich wütend? Weil ich nicht weiß, wer ihn mir geschickt hat oder warum.

Warum ärgert es mich, dass ich nicht weiß, wer ihn mir geschickt hat? Weil ich nicht weiß, wem ich vertrauen kann.

Warum muss ich wissen, wem ich vertrauen kann? Weil ich dann in der Lage bin, mich vor toxischen Menschen zu schützen.
Warum muss ich mich vor solchen Leuten schützen? Weil ich mich in der Welt nicht sicher fühle, und indem ich mich von ihnen fernhalte, fühle ich mich sicherer.
Warum fühle ich mich in der Welt nicht sicher? Weil mich meine Mutter als Kind stundenlang allein gelassen hat. Ich war einsam, hatte Angst und fühlte mich nicht sicher.

In diesem Beispiel ist die Grundüberzeugung hinter dem übersinnlichen Dolch und der darauf folgenden Emotion Wut ein ungelöstes Trauma, insbesondere das Verlassenwerden durch die Eltern. Wenn dieses Kernproblem identifiziert und geheilt ist, werden alle weiteren einschränkenden Überzeugungen, die als Folge davon entstanden sind, einschließlich der ausgelösten Wut und des übersinnlichen Dolchs, der entweder als Ergebnis dieser Überzeugung angezogen oder nur als Angriff empfunden wurde, verschwunden sein.

Es gibt viele Prozesse zur Heilung und Auflösung der Grundüberzeugungen hinter deinen Energieanhaftungen. Du kannst eine Therapie machen. Du kannst die Emotional Freedom Technique (EFT-Klopftechnik) einsetzen oder die Integral Eye Movement Therapy (IEMT), mit der ich persönlich arbeite. Du kannst Meditationen mit dem inneren Kind machen. Du kannst Schnüre durchtrennen, was du in Kapitel 24 kennenlernen wirst, oder einfach Tagebuch über deine Emotionen führen, um sie schließlich in positivere umzuwandeln. Wende dich immer an deine innere Führung, um geeignete Maßnahmen zur Heilung und Auflösung dieser einschränkenden Grundüberzeugungen zu ergreifen, und arbeite mit Menschen und Prozessen, zu denen du dich hingezogen fühlst.

Innere Arbeit zu leisten ist bei Weitem der bedeutsamste Schritt, den du tun kannst, um deine Energie zu schützen. Je mehr du tust, um deine einschränkenden Grundüberzeugungen zu identifizieren und loszulassen, desto höher wird deine Schwingung sein und desto weniger Energieanhaftungen wirst du anziehen. Indem du deine Grundüberzeugungen heilst und loslässt, stärkst du deine natürliche Auraabwehr, und zwar in einem solchen Ausmaß, dass du kaum zusätzliche Energieschutzprozesse brauchst.

Kapitel 10

DIE MACHT DER ABSICHT

Wie ich in Kapitel 2 erwähnt habe, kannst du nicht von einem Energieangriff betroffen sein, wenn du nicht an seine Existenz glaubst. Deine Überzeugung projiziert eine starke Absicht, immer geschützt und auf die Quelle ausgerichtet zu sein. Und diese Absicht wirkt automatisch sämtliche Schutzzauber, die du brauchst, damit deine Energie klar und abgeschirmt bleibt.

Ganz ähnlich ist es, wenn du die Energieschutz-Werkzeuge, -Prozesse und -Meditationen aus den nachfolgenden Kapiteln einsetzt. Es ist eher deine *Absicht* dahinter, die deine Energie klärt und schützt, als die Prozesse selbst. Wenn du deine fokussierte Absicht aus der Gleichung herausnimmst, entziehst du den Prozessen ihre Kraft und Effektivität.

Nimm dir, bevor du dich ans Ausprobieren dieser Prozesse machst, immer etwas Zeit, um dich zu zentrieren und zu erden, und geh mit den in den vorherigen Kapiteln beschriebenen Meditationen in deine Kraft. Richte dich auf die Quelle aus und konzentriere dich auf deine Absicht, deine Energie zu klären oder zu schützen. Dann, und nur dann, kannst du die vorgeschlagenen Prozesse effektiv nutzen.

Das Gesetz des freien Willens

In einigen der folgenden Reinigungs- und Abschirmungsprozesse wirst du aufgefordert, geistige Wesen anzurufen. Obwohl es verlockend sein kann, deine Macht an diese Geistführer abzugeben, die außerhalb von dir und viel mächtiger als du zu sein scheinen, solltest du darauf achten, dies nicht zu tun.

Erstens, vergiss nicht, dass diese Wesen nicht von dir getrennt sind, genau wie du von niemand oder nichts anderem im Universum getrennt bist. In der geistigen Wahrheit sind wir alle eins, einschließlich der Engel, Elementare, Geistführer und aufgestiegenen Meister. Wenn du dich mit ihnen verbindest, verbindest du dich einfach mit einer größeren Version deiner selbst.

Zweitens können diese Ratgeber dir nur helfen, wenn du ihnen die Erlaubnis dazu gibst. Daher hängt auch das Annehmen von Unterstützung von deiner Absicht ab. Geistige Wesen können dir nur helfen, wenn du ihnen nach dem Gesetz des freien Willens Zugang zu deiner Energie gibst. Ja, du bist in der geistigen Wahrheit mit ihnen verbunden und eins mit ihnen, aber du hast dich entschieden, als eigenständige physische Wesenheit in diesem Leben zu inkarnieren, weil du dich nach der Freiheit gesehnt hast, zu tun, was du willst.

Wenn du diese Geistführer anrufen musst, achte darauf, dass du deine Absicht mental festlegst und ihnen die Erlaubnis gibst, dir zu helfen, während du dir gleichzeitig darüber im Klaren bist, dass du Unterstützung von einem höheren, erweiterten Teil deiner selbst bekommst. So ist sichergestellt, dass du nicht auf die Hilfe und den Schutz dieser Wesen angewiesen bist, sondern sie eher bei Bedarf hinzuziehst.

Klare Absichten bekunden

Ich gehe zwar davon aus, dass du dir bewusst bist, welche Bedeutung und welche Macht deine Absicht für das Klären und Schützen deiner Energie hat, aber vielleicht bist du dir nicht sicher, wie du deine Absicht wirkungsvoll kommunizieren kannst.

In den Prozessen, durch die ich dich in den folgenden Kapiteln führen werde, könntest du deine Absicht vielleicht auf eine oder mehrere der folgenden Arten zum Ausdruck bringen:

- **Visualisierung:** Dies ist eine fokussierte und bewusste Vorstellung. Möglicherweise wirst du in einigen Prozessen angewiesen, Licht, ätherische Schnüre oder Geistwesen zu visualisieren. Durch das bloße Hervorbringen eines Bildes im Kopf erklärst du deine Absicht, mit diesem Licht, dieser Energie und diesen Wesen zu arbeiten.
- **Gedanken:** Wenn du kein visueller Mensch bist, kannst du über diese Prozesse nachdenken oder sie in deinem Kopf durchspielen. Anstatt das Licht überall um dich herum zu visualisieren, kannst du es dir einfach vorstellen. Deine Gedanken und deine Visualisierungen sind gleichermaßen zielgerichtet.
- **Worte der Bekräftigung:** Die dritte Technik, um diese Prozesse mit einer Absicht zu aktivieren, besteht darin, einfach laut auszusprechen, was geschehen soll. Überlege dir eine einfache Affirmation wie: *Ich schirme mich mit schützendem Regenbogenlicht ab, und zwar mit der Absicht, dass es den ganzen Tag bei mir bleibt und mich vor allen negativen Energien und Menschen schützt.*
- **Geschriebene Worte:** Sich Notizen in einem Tagebuch, einem Computerdokument oder auf einem Blatt Papier zu machen, ist die letzte Methode, deine Absicht für Klärung

und Schutz zum Ausdruck zu bringen. Wenn du etwas aufschreibst, wird es konkret. Wenn wir zu viel Zeit in unserem Kopf verbringen, können unsere fokussierten Absichten in den Störgeräuschen untergehen. Indem wir sie aufschreiben, trennen wir unsere Absichten vom Rest unserer Gedanken und geben ihnen so mehr Kraft.

Wenn es dir hilft, dich besser zu konzentrieren, kannst du auch eine beliebige Kombination dieser vier Methoden verwenden. Du kannst beispielsweise visualisieren, von Licht umgeben zu sein, und gleichzeitig die schützenden Eigenschaften des Lichts bekräftigen, indem du sie im Kopf durchgehst, darüber schreibst und sie aussprichst.

Kapitel 11

ENERGIEANHAFTUNGEN IDENTIFIZIEREN

Bevor du dich in irgendwelchen Klärungs- oder Abschirmungsprozessen versuchst, solltest du wissen, womit du es zu tun hast. Das Identifizieren von Energieanhaftungen ist der vierte Schritt im Energieschutzprozess und beinhaltet, dass du deine primären Intuitionssprachen einsetzt, um die Energieanhaftungsarten zu identifizieren, die wir zuvor in Zusammenhang mit deinem Energiefeld besprochen haben.

Wenn du deine Energie noch nie zuvor geklärt hast, wirst du mit ziemlicher Sicherheit auf viele Energieanhaftungen stoßen, die losgelassen werden müssen. Lass dich davon nicht beunruhigen oder verängstigen. In den nächsten Kapiteln erfährst du, wie du sie alle effektiv loslassen kannst.

Deine Energie zum ersten Mal zu scannen und zu klären wird viel Zeit und Mühe erfordern, aber wenn du damit durch bist, kannst du den Prozess in weniger als zehn Minuten pro Tag abschließen. Es ist ein Teil meiner spirituellen Praxis, mich jeden Morgen zu scannen, zu klären und abzuschirmen. Es gehört ebenso zu meinem Alltag wie Zähneputzen und Anziehen. Ich habe spürbare Veränderungen in meiner Energie und meinem Wohlbefinden beobachtet, seit ich damit begonnen habe.

Aktiviere deinen 360-Grad-Blick

Bevor du mit dem Scannen von Energieanhaftungen beginnen kannst, musst du zunächst deine Intuition aktivieren. Dafür gibt es eine Vielzahl von Methoden, aber mein persönlicher Favorit ist eine Technik, die mir meine Geistführer schon früh auf meinem spirituellen Weg beigebracht haben. Sie beinhaltet die Aktivierung meines 360-Grad-Blicks.

Zwar sind deine physischen Augen in ihrer Fähigkeit, die Welt um dich herum zu beobachten, begrenzt, aber deine geistigen Körper sind multidimensional und können in allen Richtungen gleichzeitig wahrnehmen. Die folgende Technik hilft dir, deinen Fokus von den physischen in die spirituellen Bereiche zu verlagern, was deine Intuition aktiviert und es dir möglich macht, Energieangriffe viel deutlicher zu spüren.

Geh folgendermaßen vor, um deinen 360-Grad-Blick zu aktivieren:

1. Konzentriere dich in der Meditation auf dein Drittes-Auge-Chakra. Es liegt zwischen deinen Augenbrauen in der Mitte des Kopfes. Dieses Chakra ist das Kontrollzentrum deiner Intuition, das es dir ermöglicht, deinen Fokus von der physischen auf die geistige Ebene zu verlagern. Stell dir dein Drittes Auge als leuchtend violette Kugel vor, die mit jedem Einatmen größer wird. Atme tief ein, bis du eine Veränderung deiner Energie bemerkst, wenn sich dein Drittes Auge ausdehnt.
2. Sobald du dein Drittes Auge geöffnet hast, kannst du damit anfangen, deinen 360-Grad-Blick zu wecken. Visualisiere, was vor dir liegt, ohne die Augen zu öffnen. Nutze dein geistiges Auge, um ein Gefühl für die Energiedimension deiner physischen Umgebung zu bekommen. Zweifle nicht an dir

selbst und denke nicht zu viel darüber nach. Nimm einfach wahr, was auf dich zukommt.

3. Halte deine innere Schau dessen, was du vor dir siehst, aufrecht, während du sie auf das erweiterst, was rechts und links von dir liegt, damit du alles auf einmal sehen kannst.
4. Erweitere dann dein Gesichtsfeld so weit, dass du sehen kannst, was über und unter dir liegt, und auf das, was rechts und links von dir liegt.
5. Erweitere schließlich dein Gesichtsfeld so weit, dass du sehen kannst, was hinter dir liegt, während du auch siehst, was vor dir liegt, sowie was rechts, links, oben und unten ist. Bleibe ein paar Minuten in diesem erwachten Zustand und erlaube deinem Körper, sich an den neu entdeckten 360-Grad-Blick zu gewöhnen.

Der übersinnliche Scanningprozess

Nachdem du deine übersinnliche Sehkraft erweckt hast, bist du nun bereit, deinen Körper nach Energieanhaftungen abzuscannen. Setze die folgende Scanmethode ein, sobald du deinen 360-Grad-Blick aktiviert hast:

1. Konzentriere dich mit aktiviertem 360-Grad-Blick auf deinen physischen Körper, um seine energetische Dimension und die erste Schicht deiner Aura, den ätherischen Körper, zu sehen. Suche nach übersinnlichen Dolchen, kollektiven Gedankenformen oder im Raum verbliebener Restenergie in Form von dunkler Energie, Schwingungsflecken und ätherischen Spinnweben. Denke daran, dass du sie je nach deiner primären Intuitionssprache möglicherweise nicht siehst, sondern mit anderen Sinnen wahrnimmst.

2. Untersuche deinen ätherischen Körper genauer, um zu sehen, ob es irgendwelche toxischen Bindungsschnüre gibt, die nach außen zu anderen Menschen, Gegenständen, Orten, Überzeugungen oder früheren Leben führen. Viele dieser Schnüre sind mit deinen Chakras verbunden, insbesondere mit dem Herzchakra und dem Solarplexuschakra. Sind das Schnüre, die du selbst geschaffen hast, oder haben andere sie an dir festgemacht? Indem du die Schnüre mental »berührst« und darauf achtest, wie es dir dabei geht, bekommst du ein Gefühl dafür. Dies wird dir helfen, die Beziehung und Art der Bindung besser zu verstehen.
3. Verlagere deinen Fokus weg von den toxischen Schnüren und konzentriere dich auf deine sieben Chakras. Welchen Eindruck machen sie auf dich? Sind sie hell und sauber oder dunkel und schmuddelig? Was würdest du über ihren Zustand sagen? Werden sie von irgendwelchen übersinnlichen Dolchen durchbohrt oder von dunklen Energien verstopft? Welche Arten von Energieanhaftungen siehst du dort, wenn überhaupt?
4. Erhöhe schließlich deine Achtsamkeit, um die Schichten deiner Aura zu untersuchen, die sich um dich herum erstrecken. Möglicherweise bemerkst du in diesem Bereich dunkle Energieflecken, niedere Geister, im Raum verbliebene Restenergie oder andere schlechte Schwingungen, die deine Aura im Laufe der Zeit absorbiert hat. Schau sie dir einfach an, ohne zu urteilen.
5. Sobald du die Energieanhaftungen in deinem Körper und deiner Aura gescannt und identifiziert hast, beende die Meditation. Notiere in deinem Tagebuch, welche du entdeckt hast, damit du sie entweder später auflösen oder mit den Prozessen in den folgenden Kapiteln fortfahren kannst.

Teil II

Kläre deine Energie

Kapitel 12

SCHUTZ DURCH DIE VERBINDUNG MIT DER NATUR

»Ich möchte diese Fähigkeiten einsetzen, um mein Hauptziel zu erreichen, nämlich die internationale Umweltpolitik zu verbessern und Nachhaltigkeit zum wichtigsten Anliegen der Welt zu machen.« So endete mein Motivationsschreiben, als ich mich mit neunzehn Jahren für den Bachelor in Geografie an verschiedenen Universitäten bewarb. Wie viele Lichtarbeiter war ich verstört von der Umweltzerstörung, die wir dem Planeten in Tausenden von Jahren zugemutet haben, und wollte mein Lebenswerk der Rettung der Erde widmen.

Ich studierte noch gar nicht lange, als mir unerwartet klar wurde, dass mein Vorhaben etwas problematisch war. Als ich in die Geschichte und Geografie unseres Planeten eintauchte, etwas über Plattentektonik, Vulkane, atmosphärische Prozesse und Meeresströmungen lernte, war ich erstaunt über die Kraft der Erde, sich zu regenerieren, obwohl sie so viel Zerstörung erlitten hatte. Diese kraftvollen natürlichen Prozesse sind ständig am Werk. Sie spülen Unreinheiten aus und erschaffen neues Leben, indem sie die Vitalität des Planeten erhalten und eine perfekte Umgebung für sein Gedeihen schaffen. Wenn am einen Ende der Welt ein Vulkan ausbricht, sinkt an einem anderen

Ende eine tektonische Platte in das aufsteigende Magma und bringt so die Kräfte der Schöpfung und Zerstörung wieder ins Gleichgewicht, sowohl physisch als auch energetisch. Ähnliche Schöpfungs- und Zerstörungsprozesse sind bei atmosphärischen Phänomenen wie Stürmen, Tornados und Hurrikanen, Erdbeben, Gletscherbewegungen, Bodensystemen und Meeresströmungen am Werk, um die Erde von Verunreinigungen zu befreien und ihre Vitalität zu erhalten.

Der Beweis für den Erfolg dieser Prozesse ist die Langlebigkeit des Planeten Erde. In den 4,543 Milliarden Jahren ihres Bestehens hat die Erde alle möglichen Veränderungen und Umweltzerstörungen durchgemacht und ist immer als Sieger daraus hervorgegangen. In den zwei- bis dreihunderttausend Jahren, seit der moderne Mensch auf diesem Planeten existiert – ein Wimpernschlag auf der Zeitachse der Erde –, hat sich der Planet weiterentwickelt, hat die Zivilisationen ausgelöscht, die ihn missbraucht haben, und sein Gleichgewicht bewahrt, egal was passierte. Dennoch denken wir, es läge in *unserer* Verantwortung, den Planeten zu retten …

Versteh mich nicht falsch, mir ist sehr daran gelegen, dass wir unseren Planeten lieben und respektieren und alles tun, um die Umweltverschmutzung zu bekämpfen und den Übergang zu einer nachhaltigen Entwicklung und einer entsprechenden Lebensweise zu vollziehen. Doch angesichts dessen, was ich über die Geschichte und Geografie unseres Planeten weiß, fühlt es sich arrogant an zu glauben, dass wir die Macht haben, diesen Planeten zu retten. Ich bin zu der Überzeugung gelangt, dass unser kollektives menschliches Ziel weniger mit der Rettung des Planeten Erde als mit der Rettung der Menschheit zu tun hat. Während die Erde seit mehr als 4,5 Milliarden Jahren alle möglichen Zerstörungen überstanden hat, haben viele menschliche Zivilisationen nicht einmal einen Bruchteil dieser Zeit überdauert. Wer sagt denn, dass die Erde uns nicht einfach auslöscht, wenn wir sie weiterhin missbrauchen?

Die größte Beschützerin

Dass ich so ausführlich auf die Macht unseres Planeten zu heilen und zu gedeihen, eingehe, hat einen Grund. Ich möchte zeigen, dass Mutter Erde, Lady Gaia, der mächtigste Energieschutz von allen ist. Sie ist in der Tat die erste Energieschützerin, die es je gab. Die zerstörerischen Prozesse auf der Erde sind Mittel, die reinigen und die Erde von toxischen Energieanhaftungen befreien. Und ihre Schöpfungsprozesse sind Abschirmmethoden, die Lebensenergie hervorbringen und die Schwingungsfrequenz der Erde weiter erhöhen. Wir können so viel über Energieschutz lernen, indem wir uns einfach mit den Kräften der Natur verbinden.

Nachdem ich meinen Bachelor-Abschluss in Geografie in der Tasche hatte, begann ich, mich mit der Erde zu verbinden und sie auch aus einer spirituellen Perspektive zu studieren. Ich habe die Weisheit der Natur erfahren, indem ich mich mit den Naturwesen verbunden habe – mit den Elementarwesen von Erde, Luft, Feuer, Wasser und Äther, mit Gnomen und Feen, mit Sylphen, Drachen, Meerjungfrauen und Einhörnern. Mich an ihrer Energie und Weisheit auszurichten, hat es mir ermöglicht, die gleichen Prozesse, die die Natur verwendet, um ihr Gleichgewicht wiederherzustellen, einzusetzen, um meine eigene Energie zu klären und ebenfalls wieder ins Gleichgewicht zu kommen.

Diese Prozesse stelle ich dir nun in diesem Buch vor. Ich habe zwar viele verschiedene Prozesse zum Klären und Abschirmen deiner Energie hier einbezogen, aber die meisten davon haben die Verbundenheit mit der Weisheit der Natur zum Inhalt. Ja, es gibt Weisheit in den Sternen, auf anderen Planeten, in Engeln und aufgestiegenen Meistern, aber warum sollten wir außerhalb unseres Planeten nach Weisheit suchen, wenn wir hier so viel lernen können? Ich glaube, dass wir alle Antworten, die wir suchen, von der Natur bekommen, und wenn wir uns die Zeit nehmen, sie zu ehren, zu respektieren und von ihr zu lernen, wird sie uns unermesslich viel zurückgeben.

Sich mit den Elementaren verbinden

Aus spiritueller Sicht besitzt die Erde den gleichen Geist und das gleiche Bewusstsein wie wir. Jedes Stück Bewusstsein in der natürlichen Welt ist ein Portal für rein positive Quellenergie. Blumen, Bäume und alle anderen Pflanzen, Felsen, Flüsse, das Meer und der Wind haben Geist, Energie, Bewusstsein und Sein genau wie wir. Ein Sammelbegriff für die Geister und Wesenheiten der Natur ist *Elementare*.

Die Elementare von Erde, Luft, Wasser, Feuer und Äther sind für das Wirken und Gedeihen unseres Planeten verantwortlich. Sie arbeiten einzeln und gemeinsam nicht nur daran, für das natürliche Funktionieren unseres Planeten zu sorgen, sondern helfen den Menschen auch dabei, auf die gleiche Weise zu wachsen und zu gedeihen, wie die Natur es tut. Schließlich sind auch wir ein Teil der Natur.

Die Elementare wollen, dass wir hier bleiben. Ist dir schon einmal aufgefallen, welch prominente Rolle Meerjungfrauen, Feen und Einhörner neuerdings sowohl in der spirituellen als auch in der populären Kultur spielen? Diese Naturgeister erscheinen mit zunehmender Regelmäßigkeit in unserem Bewusstsein, weil sie aktiv versuchen, unsere Aufmerksamkeit zu erregen. Sie erkennen, dass wir in die Irre gegangen sind, vor allem in unserem Umgang mit der Umwelt, und sie wollen uns helfen, wieder auf den richtigen Weg zu kommen.

Die Elementare machen ein Friedensangebot: auf dass wir zusammenarbeiten können und uns daran erinnern, wie wir in allen Aspekten unserer Existenz in Harmonie mit der Natur wachsen und gedeihen können, ganz besonders in unserer Beziehung zur Erde.

Die Elementare werden in fünf Kategorien eingeteilt:

Erdelementare steuern unsere Interaktionen mit der physischen Welt, etwa mit Geld, unserem Zuhause, unserem Körper und unserem Bedürfnis nach Sicherheit, Geborgenheit und Schutz. Sie sind fantastisch darin, uns dabei zu helfen, finanziellen Wohlstand zu manifestieren und uns in unserem menschlichen Körper und im Leben auf diesem Planeten geerdet zu fühlen. Dryaden oder Baumgeister, Waldnymphen, Bergriesen und Blumenfeen gehören zu den Erdelementaren, die allgemein als *Gnome* bekannt sind.

Luftelementare sind verantwortlich für unsere Gedanken und Überzeugungen, einschließlich derer, die unsere früheren Leben betreffen. Sie helfen uns, einschränkende Gedanken und Überzeugungen loszulassen, sodass die göttliche Führung frei fließen kann. Sie arbeiten gut mit Feuerelementaren zusammen, um uns dabei zu helfen, Stress abzubauen und Gelassenheit zu finden. Zu den Luftelementaren, die allgemein als *Sylphen* bekannt sind, gehören die vier Winde und verschiedene Windgeister.

Wasserelementare sind verantwortlich für unsere Sexualität, Emotionen und Beziehungen. Sie repräsentieren das Göttlich-Weibliche und helfen uns beim Navigieren durch unsere emotionale Landschaft. Sie sind Beziehungsexperten, die uns beibringen können, wie man angemessen mit unterdrückten Emotionen umgeht, wie man sich verletzlich zeigt und tiefe Beziehungen aufbaut. Zu den Wasserelementaren, die allgemein als *Undinen* bekannt sind, gehören die Meer-, See- und Flussnixen sowie Wassernymphen und Wassermänner.

Feuerelementare herrschen in den Welten der Veränderung, der Manifestation, der Motivation, der Transmutation und der Transformation. Sie repräsentieren das Göttlich-Männliche und geben uns den Mut, unsere Bestrebungen und unsere Lebensaufgabe in die Tat umzusetzen. Zu den Feuerelementaren, die allgemein als *Salamander* bekannt sind, gehören der Phönix, der Erdkern sowie Vulkandrachen und verschiedene Sonnendrachen.

Äther- oder Geistelementare überwachen unseren Seelenweg, unsere Lebensaufgabe und unsere Berufswahl. Sie verkörpern den Geist unserer Seele und bringen unsere Authentizität ebenso zum Vorschein wie unsere spirituelle Weisheit. Sie erkennen, was nötig ist, damit wir unsere Lebensaufgabe entdecken, verfolgen und leben können. Sie arbeiten auch mit allen anderen Elementaren zusammen und helfen ihnen, die Quellenergie durch verschiedene Rollen zu kanalisieren. Zu den Äther- oder Geistelementaren gehören die Einhörner, die Pegasianer und die Musen.

Die Reinigungs- und Schutzfähigkeiten der Elementare leiten sich von ihren einzigartigen Energieattributen und Spezialisierungen ab. In den nun folgenden Meditationen und Prozessen lernst du, die Energien verschiedener Elementargeister zu verbinden und zu kombinieren, um deine Energie angemessen zu schützen.

Kapitel 13

ENERGIE KLÄREN UND ABSCHIRMEN. EINE EINFÜHRUNG

Okay – nun ist es so weit, dass es ans Eingemachte geht. Du weißt jetzt, welche Bedeutung der Energieschutz hat. Du hast grundlegende Kenntnisse darüber erworben, was ein Energieangriff ist und wie er funktioniert. Du hast deinen eigenen Energieschutzwächter kennengelernt. Und du hast die Energieanhaftungen identifiziert, die deine Schwingung derzeit durcheinanderbringen. In den folgenden Kapiteln lernst du Energiereinigungstechniken, Prozesse und Meditationen kennen, mit denen du dich von äußeren Anhaftungen befreien und deine energetische Authentizität zurückgewinnen kannst.

Bevor wir damit beschäftigen, sollten wir jedoch Folgendes im Hinterkopf behalten:

Denke an die sieben Schritte zum Energieschutz: Bevor du einen der folgenden Prozesse ausprobierst, solltest du unbedingt zunächst die Schritte vor dem Prozess ausführen. Ich weiß, es ist verlockend, Dinge sofort auszuprobieren, aber das Ausprobieren dieser Prozesse ohne vorheriges Zentrieren, Erden, Verbinden und Identifizieren wird ihre Effektivität einschränken.

Vertraue bei der Auswahl der Prozesse auf deine Intuition: Verschiedene Reinigungsprozesse funktionieren für verschiedene Arten von Energieanhaftungen. Auch wenn ich ein paar allgemeine Richtlinien zu den einzelnen Arten von Energieanhaftung gebe, die jeder Prozess zu klären hilft, ist es für dich vorteilhafter, bei der Auswahl der Prozesse auf deine Intuition zu vertrauen. Jeder Mensch ist anders. Daher manifestiert sich jede Art von Energieanhaftung im jeweiligen Energiefeld auf andere Weise. Während ein Prozess durchaus geeignet sein kann, kollektive Gedankenformen in meinem Energiefeld zu klären, funktioniert er bei dir vielleicht ganz anders. Wenn du also bereit bist, deine Energie zu reinigen, berate du dich zunächst mit deiner Intuition und deinem Energieschutzwächter darüber, welche Prozesse für dich am besten sind.

Passe die Prozesse so an, dass sie für dich funktionieren: Wenn es an der Zeit ist, die Prozesse umzusetzen, könntest du sie vielleicht so anpassen, dass sie mit deinen spirituellen Überzeugungen und deiner spirituellen Praxis übereinstimmen. Das ist völlig in Ordnung! Meiner Erfahrung nach funktionieren die meisten Reinigungs- und Abschirmungsprozesse am besten, wenn wir sie zu unseren eigenen machen. Indem du die Prozesse personalisierst, fügst du ihnen deine eigene Energie hinzu und stärkst damit deinen Glauben und deine Absicht hinter ihrer Wirksamkeit.

Du wirst auch feststellen, dass du einige der folgenden Prozesse schon kennst oder selbst praktiziert hast. Wenn du sie bereits auf eine bestimmte Weise praktizierst, die für dich funktioniert, spricht nichts dagegen, dies auch weiterhin zu tun. Vielleicht möchtest du meine Interpretation dieser Prozesse ausprobieren und schauen, wie es dir gefällt. Oder du bleibst einfach bei dem, was in der Vergangenheit für dich funktioniert hat.

In einigen der Prozesse spreche ich davon, verschiedene Geistführer, Götter/Göttinnen und Elementare anzurufen. Wenn dich keine dieser Gottheiten anspricht oder du lieber mit einer anderen arbeiten möchtest, vertraue deiner inneren Führung und wähle eine, die *für dich* am besten funktioniert.

Behalte deine Abhängigkeit im Auge: Ich habe dies zwar schon oft betont, aber ich werde dich immer wieder daran erinnern, weil es das mit Abstand wichtigste Element beim Energieschutz ist: *Du* hast die Macht, deine Energie zu klären und abzuschirmen, nicht die Werkzeuge, nicht die Prozesse, nicht die Geistführer. Alle Prozesse, die du hier kennenlernen wirst, funktionieren, weil es deine Absicht ist, dass sie funktionieren. Sie beziehen ihre Kraft aus deiner inneren Schutzkraft. Die Werkzeuge und die Geistführer, mit denen du dich verbindest, sind nicht außerhalb von dir, sondern eine Erweiterung von dir. In dem Moment, in dem du deine Macht an diese Prozesse abgibst und von ihnen abhängig wirst, machst du dich anfällig für Angriffe.

Okay – du bist nun startbereit! Legen wir los.

Kapitel 14

DAS GOLDENE LICHTNETZ

Dies ist mein Lieblingsprozess und ich nutze ihn täglich für eine schnelle und effektive Energiereinigung. In diesem Prozess geht es einfach darum, ein goldenes Lichtnetz zu visualisieren, einen Filter für deinen Körper und deine Aura, der Energieanhaftungen einfängt und entfernt. Es kombiniert die Kraft der Absicht mit den klärenden Eigenschaften des goldenen Lichts, um die milderen Arten von Energieanhaftungen wie kollektive Gedankenformen und im Raum verbliebene Restenergie zu klären.

Du kannst diesen Prozess auch verwenden, um andere Arten von Energieanhaftungen zu lösen, aber in den meisten Fällen musst du ihn dazu mit anderen Prozessen kombinieren. Beispielsweise könntest du das goldene Lichtnetz einsetzen, um anhaftende Geister zu entfernen, aber in den meisten Fällen haben es Geister, die an deiner Aura haften, auch geschafft, entsprechende Bindungsschnüre zu knüpfen, oder stecken als Ergebnis eines karmischen Vertrags, den du in einem früheren Leben geschlossen hast, dort fest. Damit das goldene Lichtnetz zum Entfernen komplexer Energieanhaftungen funktioniert, musst du möglicherweise zuerst einige der weiter in die Tiefe gehenden Prozesse aus diesem Teil des Buches anwenden.

Wenn du deine Energie zum ersten Mal reinigst, ist es am besten, diesen Prozess als Letztes anzuwenden, weil er sich nach der tieferen Energiereinigungsarbeit hervorragend eignet, um alle verbliebenen Energieflecken und jede toxische Energie aus deinem Energiefeld zu entfernen. Sobald du deine erste große Reinigung hinter dir hast, kannst du diesen Prozess als wichtigstes Reinigungswerkzeug in deiner täglichen Energiereinigungspraxis einsetzen, um alle neuen, milderen Arten von Energie zu entfernen, die du im Alltag aufnimmst.

Hier die einzelnen Schritte des Prozesses:

1. Schließe die Augen, versetze dich in einen meditativen Zustand und führe die ersten drei Schritte im Energieschutzprozess aus: Erden, Zentrieren und Verbinden.
2. Nimm mit aktiviertem 360-Grad-Blick dein Energiefeld mit allen dort vorhandenen Energieanhaftungen bewusst wahr.
3. Visualisiere ein breites, engmaschiges, ätherisches Netz aus goldenem Licht ein paar Zentimeter unter deinen Füßen. Vielleicht siehst du deinen Energieschutzwächter, einen Engelschor oder andere Geistführer, die das Netz halten und den Prozess unterstützen.
4. Visualisiere das filternde Netz nach und nach in deinem ganzen Körper, beginnend am unteren Rand deiner Aura und sich nach oben bewegend bis zum oberen Rand deines Energiefeldes über deinem Kopf. Während dies geschieht, siehst du vielleicht, wie die verschiedenen Energieanhaftungen aus deinem Energiefeld gezogen werden und sich in dem goldenen Lichtnetz verfangen.
5. Wenn du alles herausgefiltert hast, verschnürst du das Netz mit deiner Absicht und schickst es mental in den Äther, damit diese Energieanhaftungen von den Lichtwesen dort umgewandelt werden können. Du kannst dir bildlich vorstellen, wie dein Energieschutzwächter dich dabei unterstützt.

6. Wenn du fertig bist, bedankst du dich bei deinen Geistführern und beendest die Meditation.

Kapitel 15

DOLCHE ENTFERNEN

Dolche entfernen ist ein Prozess, der ausschließlich im Umgang mit übersinnlichen Angriffen verwendet wird. Er beinhaltet den Einsatz eines ätherischen Magneten, um übersinnliche Dolche aus deinem Rücken zu entfernen, die energetischen Wunden anschließend zu verarzten sowie zu heilen und damit zu verhindern, dass die Dolche erneut in Erscheinung treten.

Wie bereits beschrieben, kommen übersinnliche Angriffe daher, dass andere intensive Gefühle wie Wut und Eifersucht auf dich richten. Bei diesen anderen kann es sich um Personen handeln, mit denen du in Beziehung stehst, oder um völlig Fremde. In Fällen, in denen du eine Beziehung zu der anderen Person hast, werden die übersinnlichen Dolche in deinem Rücken wahrscheinlich von einer toxischen Bindungsschnur begleitet, die du ebenfalls lösen musst, indem du den Prozess zum Durchtrennen der Schnur aus Kapitel 24 durchläufst. Solange du diese Schnur nicht durchtrennt hast, kann der Dolch leicht wieder auftauchen, wenn diese Person das nächste Mal negativ über dich denkt oder fühlt, weil deine Energieschnur ihr direkten Zugang zu deiner Energie ermöglicht. Wenn du keine Beziehung zu dem Angreifer hast, reicht es aus, den Dolch einfach zu entfernen, um dich von dem Angriff freizumachen.

Es ist keine schlechte Idee, deine Energie nach übersinnlichen Dolchen abzusuchen, wenn du dich mit jemandem gestritten hast, selbst wenn du dir vorher Zeit zum Abschirmen genommen hast. Die Energieabschirmung ist nicht absolut sicher, weil ihre Schutzkraft in jedem Moment von deiner Schwingungsfrequenz abhängig ist. Wenn deine Schwingungsfrequenz während des Streits sinkt, wird dein Schutzschild schwächer, was dich anfällig für Angriffe macht.

Ich musste diesen Prozess zur Entfernung von Dolchen auch im Anschluss daran anwenden, wenn ich mich in einer großen Menschengruppe befunden hatte, etwa wenn ich in einem Einkaufszentrum oder im Kino war, wenn ich auf Reisen war und Ähnliches. In den Fällen, in denen ich meine Energie nicht abgeschirmt hatte, bevor ich ausging, habe ich später mehrere Dolche in meinem Rücken identifiziert. Sie kamen von Passanten, die zufällig ein Urteil über mich gefällt, negativ über mich gedacht oder über mich getuschelt hatten. Statt zu dem Gefühl eines intensiven übersinnlichen Angriffs führt diese Art von Klatsch oder nicht allzu hartem Urteil, die gegen uns gerichtet ist, zu kleinen, zarten Dolchen, die keine besonders großen negativen Auswirkungen auf unsere Energie haben. Wenn sich diese kleinen Dolche allerdings ansammeln, kann ihre kombinierte Energie im Laufe der Zeit gravierende Energieblockaden erzeugen und zu den gleichen Symptomen führen wie ein ausgewachsener übersinnlicher Angriff.

Zu guter Letzt ist es auch wichtig, nach Dolchen, die nicht echt sind und mit denen man sich selbst Stiche zugefügt hat, Ausschau zu halten, die sich vielleicht in deinem Rücken zeigen. Sie sind denen ähnlich, die ich in meinem Energiefeld heraufbeschwöre, wenn ich davon ausgehe, dass Menschen mich angreifen oder zurückweisen (darüber habe ich in Kapitel 9 gesprochen). Sie sind das Ergebnis selbstsabotierender einschränkender Überzeugungen und anderer Kernprobleme und können nur dann vollständig entfernt werden, wenn du an dir arbeitest, um sie zu identifizieren und loszulassen.

Hier die einzelnen Schritte des Prozesses:

1. Schließe die Augen, versetze dich in einen meditativen Zustand und führe die ersten drei Schritte im Energieschutzprozess aus: Erden, Zentrieren und Verbinden.
2. Scanne mit aktiviertem 360-Grad-Blick die Energie deines Rückens, um eventuell dort vorhandene übersinnliche Dolche oder andere Waffen zu identifizieren.
3. Während du sie identifizierst, lass dir ausreichend Zeit, dich übersinnlich mit ihnen zu verbinden und zu sehen, mit wem sie verbunden sind. Vielleicht empfängst du ein mentales Bild der Person, hast ein bestimmtes Gefühl oder eine Erinnerung an einen Streit, den du eventuell gehabt hast. Stelle dich auf die Energie jedes einzelnen Dolches ein, besonders der Dolche, die von Menschen kommen, mit denen du eine Beziehung hast, und achte auf alle toxischen Bindungsschnüre, die mit ihnen zu tun haben.
4. Beschwöre vor deinem geistigen Auge einen lebensgroßen energetischen Magneten herauf und aktiviere ihn mit deiner Absicht, damit er sofort sämtliche Dolche aus deinem Rücken entfernt. Wenn du alle entfernt hast, lass deinen Energieschutzwächter den Magneten mit den Dolchen in den Äther schicken, wo sie in Liebe zurückverwandelt werden können.
5. Um die ätherischen Wunden in deinem Rücken zu verarzten und zu heilen, stellst du dir vor, wie smaragdgrünes Licht durch sie hindurchsickert und dein Energiefeld in seinen vitalsten Zustand zurückversetzt. Du kannst Erzengel Raphael, Asklepios, den griechischen Gott der Heilung, oder jede an-

dere heilende Gottheit, mit der du zusammenarbeitest, bitten, dich in diesem Prozess zu unterstützen.

6. Wenn dein Rücken wieder blank und glatt aussieht, bedankst du dich bei den Geistführern, die dir geholfen haben, und beendest allmählich die Meditation.

Kapitel 16

SYLPHENSTURM

Sylphen sind Luftelementare und kanalisieren die energiereinigenden Qualitäten der Luft. Verändert sich die Energie deiner Wohnung nicht immer, sobald du ein Fenster aufmachst und frische Luft hereinlässt? Und fühlst du dich an einem besonders windigen Tag nicht immer irgendwie beschwingt und voller Energie, wenn du draußen bist? Sylphen sind die Geister, die die dynamischen und belebenden Eigenschaften des Windes vorantreiben und Energie bewegen können wie keine anderen Elementare. Sylphen sind diejenigen, die Jahr für Jahr Tornados und Hurrikane orchestrieren. Diese Stürme sind zwar für die Menschheit verheerend, aber auch unvermeidliche Folgen der von Menschen verursachten Umweltzerstörung, und die Erde nimmt sie gern an.

Wie der Wind Energie in der physischen Welt bewegt, kann er auch Energie in der ätherischen Welt bewegen. Das Element Luft wird mit unseren mentalen Funktionen in Verbindung gebracht – mit unseren Gedanken und Glaubenssystemen, einschließlich der Überzeugungen aus früheren Leben. Da die ätherischen Prägungen unserer Gedanken und Überzeugungen hauptsächlich im dritten, mentalen Körper unserer Aura vorhanden sind, ist die Arbeit mit den Sylphen und dem Element Luft dann am wirksamsten, wenn es um die Reinigung unserer

Aura geht. Du kannst den Sylphensturm-Prozess verwenden, um einschränkende Gedankenformen, im Raum verbliebene Restenergie und anhaftende Geister sowie jede andere Energieanhaftung aus deinem Aurafeld zu beseitigen.

Wenn du die Möglichkeit hast, dich an einem besonders windigen Tag in der Natur aufzuhalten, kannst du diesen Prozess spürbarer machen, indem du die Windsylphen achtsam bittest, deine Aura zu reinigen. Ich mache mir Stürme oft zunutze, indem ich an den Strand, in einen Park oder in die Berge gehe und den Wind auf mich wirken lasse. Danach fühle ich mich immer gereinigt und gestärkt.

Hier die einzelnen Schritte des Prozesses:

1. Schließe die Augen, versetze dich in einen meditativen Zustand und führe die ersten drei Schritte im Energieschutzprozess aus: Erden, Zentrieren und Verbinden.
2. Scanne mit aktiviertem 360-Grad-Blick deinen Energiekörper und deine Aura, um die verschiedenen Arten von Energieanhaftung zu identifizieren, die dein Energiefeld derzeit trüben.
3. Atme lang und tief durch und achte dabei darauf, wie sich das Element Luft in deinem Körper manifestiert. Beobachte, wie sich deine Brust mit jedem Atemzug ausdehnt und zusammenzieht, während sie den lebenswichtigen Sauerstoff aus der Luft willkommen heißt. Nimm wahr, wie viel friedlicher du bist, wenn du auf deine Atmung achtest.
4. Erhöhe deine Achtsamkeit, um wahrzunehmen, wie sich das Element Luft in der Welt um dich herum manifestiert. Spüre das beruhigende Streicheln des Windes auf deinem Gesicht und beobachte, wie er durch die Blüten, Bäume und anderen Pflanzen um dich herum rauscht, wenn du draußen bist. Erkenne, wie die Atmosphäre den gesamten Planeten erfüllt

und als Bindeglied zwischen allen Formen von planetarem Bewusstsein dient.

5. Während du dich mit der kollektiven Essenz der Luft verbindest, appelliere in Gedanken oder laut ausgesprochen an die kollektive Energie der Luftsylphen, sich zu manifestieren. Du könntest beispielsweise sagen: *Ich appelliere an die Überseele der Luft und die Luftsylphen, durch mich zu strömen und meine Aura von allem zu befreien, was mir nicht mehr nützlich ist.*
6. Während du dies sagst, bemerkst du möglicherweise, dass schlanke, fast formlose Luftsylphen um deinen Körper und über deinen Kopf fliegen, oder vielleicht nimmst du die Anwesenheit deines Luftsylphen-Wächters wahr. Nimm dir ein wenig Zeit, um die Sylphen kennenzulernen, und danke ihnen im Voraus für das Clearing.
7. Bitte die Sylphen, im Uhrzeigersinn in der Peripherie deiner Aura zu kreisen und negative Energie aus der Aura zu entfernen. Sie werden immer schneller um dich herumfliegen, an Geschwindigkeit gewinnen und einen gewaltigen Sturm oder Tornado erzeugen, der deine Aura von niederen Geistern, Gedankenformen und anderen negativen Energien reinigt. Lass die Sylphen ihre Magie wirken, während du tief durchatmest.
8. Wenn der Prozess abgeschlossen ist, nimm dir ein wenig Zeit, um dich bei den Sylphen für ihre Hilfe zu bedanken.
9. Wenn du so weit bist, beende die Meditation und trinke ein wenig Wasser, um dich zu erden, und erlaube der Energie deines Körpers, sich den Veränderungen anzupassen.

Kapitel 17

ENERGIE ABSAUGEN

Energie absaugen ist ein kraftvoller Prozess, der ein Verbünden mit der reinigenden Kraft des Elements Luft und der Sylphen beinhaltet, um die meisten Arten von Energieanhaftungen zu beseitigen. Ich setze ihn gern ein, wenn ich nicht viel Zeit habe, etwa wenn ich in Eile bin, weil ich irgendwohin muss, wenn ich bei Freunden übernachte oder wenn ich im Urlaub bin. Es dauert nur wenige Minuten und wirkt Wunder, wenn es darum geht, deine Energie zu klären.

Zum Prozess des Energieabsaugens gehören das Appellieren an die Überseele der Luft und die kollektive Präsenz der Sylphen oder an deinen Sylphenführer sowie der Einsatz eines ätherischen Saugwerkzeugs, um Energieanhaftungen aus deinem Energiekörper und sämtlichen Auraschichten zu entfernen. Wenn ich diese Technik bei mir selbst oder bei Klienten anwende, bitte ich die Sylphen oft, als Erstes die Saugdüse des Geräts an das Kronenchakra anzusetzen, damit zunächst alle Verunreinigungen aus dem Chakrasystem entfernt werden. Dann mache ich weiter, indem ich den Energiekörper kläre, und am Ende kläre ich die Aura.

Wie bereits erwähnt, funktioniert dieser Prozess bei den meisten Arten von Energieangriffen. In Fällen mit toxischen Bindungsschnüren, übersinnlichen Dolchen und karmischen

Verträgen, in denen der Angriff seinen Ursprung in früheren Leben oder persönlichen Beziehungen hat, musst du diesen Prozess möglicherweise mit einigen der anderen Prozesse in diesem Teil des Buches kombinieren, die bei diesen spezifischen Energieanhaftungen am besten funktionieren.

Hier die einzelnen Schritte des Prozesses:

1. Schließe die Augen, versetze dich in einen meditativen Zustand und führe die ersten drei Schritte im Energieschutzprozess aus: Erden, Zentrieren und Verbinden.
2. Scanne mit aktiviertem 360-Grad-Blick deinen Energiekörper und deine Aura, um die verschiedenen Arten von Energieanhaftung zu identifizieren, die dein Energiefeld derzeit trüben.
3. Appelliere in Gedanken oder laut ausgesprochen an die Überseele der Luft und die Luftsylphen. Du könntest so etwas sagen wie: *Ich appelliere an die kollektive Essenz der Luft und der Luftsylphen, zu mir zu kommen, um meinen Körper und meine Aura von allen negativen Energien zu reinigen.* Stell dir dabei die Luft in all ihren Formen und Ausprägungen vor. Stell dir laue Lüftchen, heftige Stürme und Tornados vor sowie alle Arten, wie sich Luft in dir und der Welt manifestiert.
4. Sobald du die Anwesenheit der Luft und der Luftsylphen spürst, stellst du dir vor, wie die Sylphen den Saugkopf eines ätherischen Saugwerkzeugs von oben an deinen Kopf halten. Wenn sie das Gerät einschalten, saugt es alle energetischen Verunreinigungen aus deinen Chakras, entsperrt die Chakras und stellt ihre natürlichen Funktionen wieder her. Dann reinigen die Sylphen den Rest deines Körpers und zuletzt deine Aura, indem sie alle toxischen Energieanhaftungen herausziehen. Achte darauf, dass du dabei die ganze Zeit tief atmest, um diesen Prozess zu unterstützen.

5. Wenn die Sylphen fertig sind und deine Energie geklärt ist, bedankst du dich bei ihnen und beendest die Meditation. Du fühlst dich rundum wohl.

Kapitel 18

HEILIGER ATEM

Wenn es einen Prozess gibt, der dir wirklich helfen kann, in deine Kraft zu kommen, um deine Energie zu schützen, ist es zweifellos der des *heiligen Atems.* Anstatt externe Werkzeuge einzusetzen und mit Gottheiten zu arbeiten, verlangt dir der Einsatz des heiligen Atems nichts weiter ab, als deine Energie allein mit deiner Absicht und deiner Körperlichkeit zu klären. Obwohl du vom Konzept her verstanden hast, dass dein Körper dein stärkstes Werkzeug für den Energieschutz ist, ist es etwas ganz anderes und sehr befreiend, wenn du dies zum ersten Mal emotional und körperlich erlebst. Genau dabei hilft dir der heilige Atem.

Beim heiligen Atmen geht es im Wesentlichen darum, in deine Energieschutzkraft einzusteigen und dann deinen Mund einzusetzen, um Luft durch deine Aura und deinen Energiekörper zu blasen. Mit deiner Absicht und durch Visualisieren sorgst du dafür, dass sich die Luft bis in die betroffenen Bereiche deines Energiefelds ausdehnt und wegbläst, was du nicht mehr brauchst. Ähnlich wie beim Sylphensturm arbeitest du auch hier mit dem Element Luft, doch statt die Luftsylphen anzurufen, machst du dir das Element Luft und das Luftbewusstsein in dir zunutze.

Das Ausblasen von Luft mag zwar ein ziemlich subtiler Akt sein, aber deine Absicht und Vorstellung verstärken die ausgeblasene Luft und verwandeln sie in ein wirksames Mittel zur Energiereinigung. Infolgedessen kannst du den heiligen Atem zur Lösung der meisten Arten von Energieanhaftungen einsetzen, besonders derjenigen, die normalerweise in deiner Aura sitzen, etwa kollektive Gedankenformen, im Raum verbliebene Restenergie und anhaftende Geister.

Hier die einzelnen Schritte des Prozesses:

1. Schließe die Augen, versetze dich in einen meditativen Zustand und führe die ersten drei Schritte im Energieschutzprozess aus: Erden, Zentrieren und Verbinden.
2. Scanne mit aktiviertem 360-Grad-Blick deinen Energiekörper und deine Aura, um die verschiedenen Arten von Energieanhaftung zu identifizieren, die dein Energiefeld derzeit trüben.
3. Beobachte danach, wie sich das Element Luft in deinem Körper manifestiert, besonders über deine Atmung und in jeder Weise, in der es deinen Körper und dein Wesen energetisiert.
4. Erhöhe deine Achtsamkeit, um zu sehen, wie sich das Element Luft um dich herum und in der Natur manifestiert. Nimm wahr, wie sich Luft in deinem Haus und deiner Nachbarschaft manifestiert, und stell dir die verschiedenen Ausdrucksformen der Luft in der Welt vor: laue Lüftchen, Stürme, Tornados und Hurrikans.
5. Appelliere an das kollektive Element Luft, indem du im Geiste oder laut etwas sagst wie: *Ich appelliere an die kollektive Essenz der Luft, zu mir zu kommen, um meinen Körper und meine Aura von jeder negativen Energie zu reinigen.*
6. Sobald du dich mit dem kollektiven Element Luft verbunden hast, ziehst du deine Lippen zu einem Kussmund zusammen und bläst langsam und feierlich Luft in die betroffenen Bereiche deiner Aura und deines Energiekörpers. Setze für die

Bereiche, die du physisch nicht erreichen kannst, etwa deinen Rücken oder das Innere deines Körpers, deine Absicht ein, um den Luftstrom aus deinem Mund so zu lenken, dass er auch durch diese Bereiche fließt.

7. Wenn du mit dem Clearing fertig bist, bedankst du dich bei dem Element Luft sowie bei dir selbst und beendest den Prozess.

Kapitel 19

HEILIGER RAUCH

Obwohl es unglaublich effektiv ist, mit den Elementargeistern der Erde, der Luft, des Feuers, des Wassers und des Äthers zu arbeiten, um die eigene Energie zu reinigen und zu schützen, ziehen es viele Menschen vor, mit den Elementen in ihrer natürlichen und physischen Form zu arbeiten. Dies liegt teilweise daran, dass wir als physische Menschen physischen Werkzeugen und Prozessen einen höheren Wert beimessen und in Zusammenhang mit ihnen eine höhere Erfolgserwartung haben, und teilweise daran, dass die Arbeit mit den Elementen in ihrer natürlichen Form alle unsere Sinne anspricht und das Gefühl erzeugt, geschützt zu sein.

Dies gilt ganz besonders, wenn wir mit der kombinierten Energie der Elemente Feuer und Luft arbeiten, um Energie mit heiligem Rauch zu klären. Rauch wird seit Anbeginn der Zeit in Reinigungsritualen verwendet, und auch wenn verschiedene Kulturen unterschiedliche Kräuter, Harze und Verfahren eingesetzt haben, haben sie alle die affektiven Eigenschaften von Rauch genutzt, um Dunkelheit in Licht zu verwandeln.

In diesem Kapitel stelle ich verschiedene Möglichkeiten vor, wie du mit heiligem Rauch arbeiten kannst, um deine persönliche Energie zu klären. Obwohl die Reinigung des Raums den Rahmen dieses Buchs sprengen würde, kannst du die gleichen

Prozesse auch verwenden, um die Energie deines Zuhauses zu reinigen.

Die transformativen Eigenschaften von Feuer und Luft

Feuer bringt Veränderung und Transformation. Es transzendiert und umfängt die Form und erzeugt und zerstört Energie, sodass es Menschen und den Raum gleichzeitig reinigen kann. Denke daran, wie die tektonischen Platten der Erde miteinander interagieren, sich gegenseitig in das Magma zwingen und Erdbeben und Vulkanausbrüche auslösen, die Leben sowohl schaffen als auch zerstören. Denke daran, dass die Sonne alles Leben erschafft, es aber auch zerstören kann, wenn es zu viel davon abbekommt. Es ist kein Wunder, dass Feuer von Kulturen auf der ganzen Welt eingesetzt wurde und immer noch eingesetzt wird, um Menschen und Orte, ja sogar ganze Städte und Länder zu reinigen.

Das Element Luft ist auch ein Vermittler von Veränderung und Transformation, aber es wirkt auf einer anderen Ebene und Frequenz, um Energie umzuwandeln. Während Feuer Form zerstört und erschafft, reinigt Luft einfach die bestehende Form, verändert ihre Energie und erlaubt ihr, zu ihrem höchsten Potenzial aufzusteigen. Denke daran, was das Öffnen eines Fensters und das Lüften deines Zuhauses mit seiner Energie macht. Die Luft verändert seine Form zwar nicht, aber sie klärt und erhebt es, sodass es sich dennoch verändert und transformiert anfühlt. Das erlebst du auch, wenn du an einem besonders windigen Tag unterwegs bist. Wenn du dir den Wind um Gesicht und Körper wehen lässt, klärt er deine Schwingung, und du fühlst dich ruhig und deine Stimmung wird gehoben.

Du kannst nur mit der Energie von Feuer oder Luft arbeiten, um deine Energie zu klären, etwa in den Prozessen *Kerzenreinigung* (Kapitel 20), *Drachenatem* (Kapitel 21) und *Sylphensturm* (Kapitel 16). Oder du kannst die beiden Elemente zusammen einsetzen.

Wenn wir die Elemente Feuer und Luft kombinieren, um Rauch zu erzeugen, und wenn wir dies mit der Kraft unserer Absicht verstärken, erzeugen wir *heiligen Rauch*, der ein mächtiges Werkzeug zum Klären von Energie ist. Der Phönix, eine *der* Ikonen und eines der wichtigsten Elementarwesen für Transformation, verkörpert die gemischten Eigenschaften von Feuer und Luft und stellt die energetische Erneuerung und Transformation dar, die wir erfahren, wenn wir mit diesen beiden Elementen arbeiten.

Energiereinigung mit heiligem Rauch

Aufgrund seiner ätherischen und jenseitigen Essenz verwandelt Rauch das Profane in das Heilige und wird daher seit der Antike für spirituelle Zwecke verwendet. Rauch spricht direkt unseren urzeitlichen Geruchssinn an, aktiviert Emotionen und Erinnerungen und hilft uns, die Grenzen zwischen unserer Körperlichkeit und unserer Spiritualität aufzuweichen. Infolgedessen kann Rauch die Energie von Menschen und des Raums sofort verändern, was den Rauch zu einem hervorragenden Akteur für die Energiereinigung macht.

Aufgrund seiner transformierenden Eigenschaften kannst du heiligen Rauch zur Lösung der meisten Formen von energetischer Anhaftung einsetzen, einschließlich der komplexeren wie toxische Bindungsschnüre, karmische Verträge und übersinnliche Dolche.

Du kannst heiligen Rauch auf viele Arten verwenden, um deine Energie zu klären, aber die beiden folgenden sind die häufigsten.

Ein Räucherbündel verwenden

Räuchern beinhaltet den Einsatz eines Kräuterbündels, um Rauch zu erzeugen. Den lässt du langsam um deine Aura wehen und stellst dir dabei vor, wie er toxische Energieanhaftungen verbrennt. Du kannst zwar verschiedene Arten von Kräutern verwenden, um ein Räucherbündel herzustellen, doch die beiden häufigsten Kräuter sind Salbei und Zeder. Ich persönlich kreiere gern ein gemischtes Bündel aus Salbei und Rosmarin, weil ich finde, dass ihre kombinierte Energie intensive Energie in meiner Aura und meinem Haus besonders effektiv klären kann. Das Kombinieren verschiedener Kräuterarten bringt auch die pflegenden und nährenden Eigenschaften des Elements Erde und die besonderen energetischen und medizinischen Eigenschaften der verwendeten Kräuter in die Arbeit mit ihnen ein.

Du kannst Räucherbündel zwar ganz einfach online bestellen oder in Esoterikläden kaufen, aber sie sind immer stärker, wenn du sie selbst herstellst und mit deiner Energie und deinen Absichten erfüllst. Am besten sammelst du die Kräuter bei Tagesanbruch, wenn die Energie noch sauber und frisch ist. Bitte die jeweilige Pflanze immer um Erlaubnis und bedanke dich bei ihr. Es empfiehlt sich außerdem, der Pflanze eine Opfergabe zu machen, für gewöhnlich etwas Obst, Maismehl, eine Locke deines Haares oder einfach nur dein Licht. Es ist wichtig, nur einen kleinen Teil der Pflanze abzuschneiden, damit sie weiter wachsen und gedeihen kann.

Wenn du deine Kräuter beisammen hast, bindest du sie mit einer Baumwollschnur fest zu einem Bündel zusammen und lässt sie trocknen. Wenn sie vollständig getrocknet sind, ist dein Räucherbündel so weit, dass du es zur Klärung deiner Energie einsetzen kannst. Lege dein Bündel in eine feuerfeste Schüssel, die mit reichlich Sand gefüllt ist. Zünde dein Bündel an und lösche das Feuer dann wieder, um Rauch zu erzeugen. Nachdem du die ersten Schritte im Energieschutzprozess ausgeführt hast, schwenkst du, mit deiner Absicht vor Augen, den Rauch um deinen ganzen Körper, beginnend am obersten Punkt deines Kopfes bis hinunter zu deinen Füßen, und stellst dir vor, wie er alle Energieanhaftungen wegbrennt. Benutze für die Anhaftungen in der Energie deines physischen Körpers deine Absicht und deine Hand, um die Energie des Rauches in den betroffenen Bereich zu leiten.

Lose Kräuter und Harz verbrennen

Kräuter und Harze zu verbrennen ist meine bevorzugte Art, um Energie mit heiligem Rauch zu reinigen, weil ich damit die Möglichkeit habe, die Energien und medizinischen Eigenschaften verschiedener anderer Inhaltsstoffe einzubringen. Besonders gern kaufe ich fertige Kräuter-/Harzmischungen, die eine bestimmte Gottheit kanalisieren oder einem bestimmten Zweck dienen, und setze sie intuitiv zur Befreiung von verschiedenen Energieangriffsformen ein. Wenn ich zum Beispiel Energieanhaftungen rund um Liebesbeziehungen lösen möchte, arbeite ich mit einer Kräuter-/Harzmischung, die etwas mit Aphrodite zu tun hat. Und wenn es mir darum geht, toxische Energie und Gedankenformen rund um Finanzen und Karriere auszuräumen, verwende ich eine von Pan inspirierte Mischung.

Wenn du auf diese Weise mit losen Kräutern und Harzen arbeitest, kannst du den Reinigungsprozess so anpassen, dass er auf die Feinheiten bestimmter Energieanhaftungen abzielt, was wirklich hilfreich ist, wenn du es mit vielschichtigen Energieanhaftungen zu tun hast (das heißt, wenn mehrere Energieanhaftungen aus derselben Quelle stammen und sich auf diese beziehen). Ansonsten ist es nicht unbedingt nötig, eine Mischung aus Kräutern und Harzen für deine Energiereinigung zu verwenden. Ein einzelnes Kraut oder eine Sorte Harz kann in Kombination mit deiner Absicht ausreichen, um die gesamte Reinigung durchzuführen. Erinnere dich an unser Motto: *Du* hast die Macht, deine Energie zu klären, nicht die Werkzeuge und die Prozesse.

Bevor du lose Kräuter und Harze verbrennst, solltest du eine feuerfeste Schale mit genügend Sand oder Erde füllen, um zu verhindern, dass das Ganze zu einer Brandgefahr wird, falls die Schale bricht. Es ist außerdem keine schlechte Idee, die Schüssel auf eine feuerfeste Oberfläche zu stellen. Dann kannst du eine kleine Holzkohletablette auf den Sand in der Schüssel legen und deine Kräuter-/Harzmischung darauf verteilen. Du kannst jedes Kraut oder Harz verwenden, zu dem du dich hingezogen fühlst, dessen Duft du magst oder mit dem du wegen seiner spezifischen Eigenschaften arbeiten möchtest. Zu den am häufigsten verwendeten Kräutern gehören Salbei, Zedernnadeln und Rosmarin, aber ich verwende auch gern Lavendel, Rosen und Olivenblätter. Die am häufigsten eingesetzten Harze sind Weihrauch, Kopal, Benzoe und Myrrhe.

Wenn du bereit bist, deine Energie zu klären, stellst du die Schale mit den ausgewählten Kräutern und Harzen vor dich hin, führst die ersten Schritte im Energieschutzprozess aus und ziehst dann mit deinen Händen Rauch aus der Schale um deinen Körper. Schöpfe den Rauch mit deinen Händen und wasche deine Aura sanft damit, beginnend am obersten Punkt deines Kopfes und bis hinunter zu den Füßen. Ähnlich wie beim Räuchern kannst du die Energie des Rauches, mit deiner Absicht vor Augen, in blockierte Bereiche deines physischen Körpers lenken. Wenn du fertig bist, vergiss nicht, die Kohletablette in einem mit Wasser gefüllten Behälter zu löschen.

Kapitel 20

KERZENREINIGUNG

Kerzenreinigung ist eine großartige Technik, die du am Tagesende anwenden kannst, um im Raum verbliebene Restenergie oder andere milde Energieanhaftungen zu beseitigen, die du im Laufe des Tages möglicherweise aufgenommen hast. Sie wirkt sich in erster Linie auf die ersten drei Schichten deiner Aura aus: den ätherischen, den emotionalen und den mentalen Körper. Dort löst sie negative Gedanken und Emotionen auf, damit du den Tag positiv beenden kannst.

Dies ist ein großartiger Prozess, wenn du unter häufiger Schlaflosigkeit oder leichtem Schlaf leidest. Denn damit befreist du deinen Körper von Sorgen und Überforderung, die oft die Ursache für Schlaflosigkeit sind, indem du einschränkende Gedanken, Emotionen und andere energetische Flecken entfernst.

In diesem Prozess arbeitest du mit deinen Händen und der Energie des Feuers und seiner Salamander (Feuerelementare, die in Kerzen, Leuchtfeuern und kleinen Flammen zu finden sind), um deine Aura zu reinigen und unerwünschte Energie zu beseitigen.

Alles, was du dafür brauchst, ist eine Kerze, deine Hände und deine Absicht.

Hier die einzelnen Schritte des Prozesses:

1. Schließe die Augen, versetze dich in einen meditativen Zustand und führe die ersten drei Schritte im Energieschutzprozess aus: Erden, Zentrieren und Verbinden.
2. Scanne mit aktiviertem 360-Grad-Blick die ersten drei Schichten deiner Aura, um energetische Flecken oder ätherische Spinnweben zu identifizieren, die du im Laufe des Tages vielleicht angezogen hast. Dabei kann es sich um negative Gedanken oder Emotionen handeln oder um Restenergien, die du möglicherweise durch die Interaktion mit Menschen und Räumen aufgenommen hast.
3. Zünde deine Kerze an, schließe die Augen und appelliere mental oder verbal an die kollektive Präsenz des Feuers und der Feuersalamander. Du kannst so etwas sagen wie: *Ich appelliere an die kollektive Essenz des Feuers und der Feuersalamander, zu mir zu kommen und meine Aura von negativer Energie zu befreien.* Visualisiere dabei das Feuer in all seinen Formen und Ausprägungen. Stelle dir Kerzen, Leuchtfeuer, Vulkane und die Sonne vor sowie alle Arten, wie sich Feuer in dir, in der Welt und im Universum manifestiert.
4. Öffne die Augen wieder und schau direkt in die Kerzenflamme, während du an ihren Salamandergeist appellierst, sich zu zeigen. Du kannst die Anwesenheit des Salamanders deiner Kerze, wenn er erscheint, entweder sehen, fühlen, hören oder du weißt einfach, dass er da ist.
5. Sobald du dich mit der kollektiven Essenz des Feuers und dem Salamander deiner Kerze verbunden hast, legst du deine Hände um die Aura der Kerze und lädst deine Hände mental mit ihrer Energie auf.
6. Durchkämme mit deinen Handflächen sanft und feierlich von oben nach unten deine Aura, vom obersten Punkt deines Kopfes bis hinunter zu den Zehenspitzen. Visualisiere die Abdrücke negativer Energie, die du identifiziert hast und die

sich mit jedem Handstrich des Durchkämmens von deinem Körper und deiner Aura lösen. Fülle die Feuerenergie in deinen Händen nach Belieben auf, indem du die Hände um die Kerzenflamme legst.

7. Wenn du fertig bist, bedankst du dich bei dem Salamander-Geistführer und bläst dann die Kerze aus.

Kapitel 21

DRACHENATEM

Es gibt viele Arten von Drachen: Elementardrachen der fünf Elemente, Drachen, die auf anderen Planeten leben, und himmlische Drachen, die in den höheren Dimensionen existieren. Die Elementardrachen von Erde, Luft, Feuer, Wasser und Äther sind uralte Naturwesen, die seit seiner Erschaffung auf diesem Planeten leben. Speziell Feuerdrachen gehörten zu den ersten Elementarwesen auf unserem Planeten und sind zu einem großen Teil für seine Entstehung und nachfolgende Entwicklung verantwortlich. In seinen frühen Stadien war der Planet Erde nichts weiter als eine Masse brennender heißer Gase, die langsam und allmählich zu dem bewohnbaren Planeten wurden, auf dem wir heute leben. Die Feuerdrachen waren das führende Bewusstsein hinter diesem co-kreativen Prozess und sind es in der sich fortsetzenden Evolution des Planeten noch heute.

In Anbetracht ihrer uranfänglichen und unverzichtbaren Rolle bei der Erschaffung des Lebens verkörpern Feuerdrachen die kreativen und zerstörerischen Aspekte des Feuers. Wenn wir mit ihnen zum Zweck des Energieschutzes zusammenarbeiten, können sie uns daher helfen, unsere Energie sowohl zu reinigen als auch abzuschirmen. Ich habe meinen Drachenführer Darius oft gebeten, ein und dasselbe ätherische Feuer zu verwenden, um alle möglichen Arten von Anhaftungen aus meiner Energie zu entfernen, meine Schwingung zu erhöhen und einen Feuerschild um meine Aura zu legen, der unerwünschte Energien abwehrt.

Du kannst die folgende Meditation einsetzen, um entweder mit der kollektiven Essenz der Feuerdrachen oder mit deinem persönlichen Drachenführer zu arbeiten, wenn es darum geht, deine Energie sowohl zu klären als auch abzuschirmen. Allerdings ist die Energie der Feuerdrachen ziemlich wild und intensiv, genau wie das Element Feuer selbst, und obwohl sie dich reinigt und vor Energieangriffen schützt, kannst du bei übermäßigem Gebrauch von ihr geradezu überwältigt werden. Ich schlage daher vor, dass du diesen Prozess nur anwendest, wenn du einen großen Energieangriff angezogen hast und eine entsprechend intensive Reinigung brauchst, oder wenn du das Gefühl hast, dass du gerade von jemandem angegriffen wirst und einen mächtigen Schild benötigst, um dich selbst zu schützen, oder wenn du niedergeschlagen bist und einen Energieschub brauchst.

Hier die einzelnen Schritte des Prozesses:

1. Schließe die Augen, versetze dich in einen meditativen Zustand und führe die ersten drei Schritte im Energieschutzprozess aus: Erden, Zentrieren und Verbinden.
2. Scanne mit aktiviertem 360-Grad-Blick deinen Energiekörper und deine Aura, um die verschiedenen Arten von Energieanhaftungen zu identifizieren, die dein Energiefeld derzeit trüben.
3. Beobachte, während du in langen und tiefen Zügen atmest, wie sich das Element Feuer in deinem Körper manifestiert. Nimm wahr, wie dein Herz schlägt und wie das Blut durch deinen Körper fließt, dich revitalisiert und warm hält.
4. Erhöhe deine Achtsamkeit, um zu sehen, wie sich das Element Feuer um dich herum und in der Natur manifestiert. Nimm

wahr, wie sich Feuer in den von dir verwendeten Elektrogeräten, in Kerzen, Lagerfeuern und in der Wärme der Sonne manifestiert. Stelle dir bildlich das Feuer vor, das im Erdkern brennt, im Magma unter der Erdoberfläche und in der Lava, die aus Vulkanen auf der ganzen Welt ausbricht.

5. Appelliere an die kollektive Energie des Feuers und der Feuerdrachen, indem du so etwas sagst wie: *Ich appelliere an die kollektive Essenz des Feuers und der Feuerdrachen, zu mir zu kommen, um meinen Körper und meine Aura von jeder negativen Energie zu reinigen.*
6. Während du das sagst, beobachtest du vielleicht, wie Feuerdrachen über deinem Kopf schweben, oder vielleicht windet sich dein Drachenwächter um deinen Körper. Nimm dir etwas Zeit, um die Drachen kennenzulernen, und bedanke dich für das Clearing.
7. Bitte die Drachen, ihr göttliches Feuer durch deinen Körper zu blasen, mit dem Ziel, alle Energieangriffe zu verbrennen, die den natürlichen Energiefluss blockieren. Wenn du die abschirmenden Eigenschaften des Feuers nutzen willst, kannst du auch darum bitten, dass das Feuer dich revitalisiert und deine Schwingung erhöht oder dass es einen Feuerschild um deine Aura legt, an dem alle auf dich zukommenden Energieanhaftungen verbrennen.
8. Nimm dir, wenn der Prozess abgeschlossen ist, etwas Zeit, um den Drachen für ihre Dienste zu danken. Beende dann die Meditation und trinke ein wenig Wasser, um dich zu erden, damit sich die Energie deines Körpers an die Veränderungen anpassen kann.

Kapitel 22

HEILIGES WASSER

Wasser wird seit Jahrtausenden in fast allen Kulturen auf der ganzen Welt verwendet, um Menschen und Räume zu reinigen, zu segnen und zu reinigen. Die alten Griechen badeten in Flüssen und Quellen, bevor sie an Heilritualen und Zeremonien in Mysterienschulen teilnahmen. Das taten sie, um ihren Körper und ihre Energie zu weihen, bevor sie in Kontakt mit den Göttern traten. In der islamischen Tradition waschen die Menschen ihre Hände und ihr Gesicht, um ihren Körper und ihre Seele vor dem Gebet zu reinigen. Christen nutzen die Taufe, um Neugeborene zu reinigen und zu weihen, und Weihwasser, um ihre Häuser zu reinigen und zu segnen. Die Inder betrachten den Ganges als heiligen Fluss, und viele Pilger baden täglich in seinem Wasser, um sich zu läutern.

Du kannst die energiereinigenden Eigenschaften des Wassers auch in deiner eigenen spirituellen Tradition erfahren oder indem du die verschiedenen Heilquellen und heiligen Brunnen besuchst, die es überall auf der Welt gibt. Wasser spielt auch eine wichtige Rolle bei der Einnahme von Blütenessenzen und der Verwendung von Kristallen zur Selbstreinigung. Du kannst Kristalle, Salze und ätherische Öle in Zusammenhang mit Bädern und Duschen einsetzen, um dich zu reinigen. Oder noch einfacher, indem du am Ende eines anstrengenden Tages eine entspannende Dusche nimmst. Wasser wird in so vielen Kulturen schon so lange als wichtigstes Mittel zur Reinigung von Menschen und Räumen verwendet, dass dies zu einem instinktiven Wissen geworden ist.

In diesem Kapitel werde ich näher auf die Eigenschaften und Einsatzmöglichkeiten von Wasser zur Energiereinigung eingehen und verschiedene Möglichkeiten aufzeigen, wie du es in deiner eigenen Praxis nutzen kannst.

Die reinigenden Eigenschaften des Wassers

Wasser ist nicht nur eine reinigende Kraft für Menschen, es reinigt den gesamten Planeten. Die Meeresströmungen arbeiten unermüdlich daran, unseren Planeten von den Giftstoffen und Verunreinigungen zu befreien, die wir in die Erde einsickern haben lassen. Außerdem wandeln sie unermüdlich Energie um und recyceln sie. Im Landesinneren befreit Regenwasser die Atmosphäre von Industrieabgasen und Luftverschmutzung und zerstreut die Wolken giftiger Energie und kollektiver Gedankenformen, die wir in den Äther emittiert haben. Das empfindliche Gleichgewicht des Wasserkreislaufs und seine reinigenden Eigenschaften wirken seit Äonen, halten das Wohlergehen des Planeten aufrecht und sichern sein Überleben.

Als Energieleiter ist Wasser in der Lage, sich zu bewegen und so Energie umzuwandeln. Während Feuer Energie durch Zerstörung und Schöpfung umwandelt, haben die transformierenden Eigenschaften von Wasser etwas mit der Bewegung und dem Fließen von Energie zu tun. Indem es Energie bewegt, beendet Wasser Stillstand und Starrheit und macht es der Energie möglich, eine andere Form anzunehmen. Aus emotionaler Sicht hilft uns Wasser, unsere Emotionen zu bewegen und damit zum Ausdruck zu bringen, indem es sie in neue und in der Regel positivere Zustände versetzt und so eine Reinigung ermöglicht.

Wie alle Elemente trägt das Element Wasser Geist, Bewusstsein und Energie in sich. Viele spirituelle Traditionen, etwa die der Griechen, Perser und Inder, haben verschiedene Wassergottheiten und Elementare verehrt und die heilenden und reinigenden Eigenschaften unterschiedlicher Ausdrucksformen des Wassers anerkannt. Wenn wir also zur Energiereinigung mit Wasser arbeiten, profitieren wir nicht nur von seinen physischen Eigenschaften, sondern auch von der im Wasser enthaltenen Lebensenergie, von seiner spirituellen Essenz und von seinen Elementargeistern, die alle gleichzeitig daran arbeiten, uns zu reinigen, zu segnen und zu beschützen.

Heiliges Wasser herstellen

Die beste Möglichkeit, ganz konkret mit Wasser zu arbeiten, besteht darin, heiliges Wasser herzustellen, das dann auf unterschiedliche Weise verwendet werden kann, etwa zum Zerstäuben, Besprühen, Trinken oder als Badezusatz, um Energieangriffe zu beenden, zu klären und zu transformieren.

Du kannst heiliges Wasser aus Schreinen und Tempeln deiner spirituellen Tradition beziehen, aus heiligen Quellen, Flüssen und Brunnen, aus dem Regen und dem Meer. Oder du kannst es selbst herstellen. Im Wesentlichen handelt es sich bei heiligem oder geweihtem Wasser um Wasser, das mit Absichten, Gebeten, Licht, Kristallen, Blumen und anderen natürlichen oder symbolischen Elementen angereichert wurde. Wenn heiliges Wasser aus einem Tempel oder von einem anderen heiligen Ort stammt, ist es mit der spezifischen Absicht und den Gebeten der Person oder der Personen, die es hergestellt haben, angereichert. Wenn du Wasser aus einer heiligen Quelle beziehst, ist es mit der Absicht und Essenz der Natur und der Elementare, die an diesem bestimmten Ort existieren, angereichert. Wenn du es selbst herstellst, kannst du die spezifischen Absichten oder Eigenschaften, die dein heiliges Wasser haben soll, frei wählen.

Wenn ich heiliges Wasser für die Energiereinigung und andere Zwecke herstelle, nehme ich gern natürliches heiliges Wasser, das ich aus verschiedenen Quellen gesammelt habe, und lade es mit Licht, Kristallen, ätherischen Ölen, Blumen und Symbolen auf. Ich habe beispielsweise oft heiliges Wasser aus dem White Spring Well und dem Chalice Well in Glastonbury entnommen, vom Strand am Aphrodite-Felsen in Zypern und aus der Kastalischen Quelle im Tempel von Delphi, Griechenland. Dieses Wasser habe ich dann mit anderen Bestandteilen und Absichten kombiniert, um es zu meinem eigenen zu machen. Es gibt wirklich keine richtige oder falsche Methode, heiliges Wasser herzustellen, solange du es achtsam und mit der entsprechenden Absicht tust.

Wenn du keinen Zugang zu Wasser aus der Natur hast, ist es wichtig, dass du Wasser wählst, das direkt aus der Quelle abgefüllt wurde, und zwar in eine Glasflasche, um sicherzustellen, dass es eine hohe Schwingung hat und frei von Plastikverunreinigungen ist. Wenn du auch dazu keinen Zugang hast, kannst du Leitungswasser verwenden; das sollte ein paar Stunden in der Sonne gestanden haben, um seine Schwingung zu erhöhen.

Sobald du dein Wasser hast, musst du es aufladen, um heiliges Wasser daraus herzustellen, das du dann zur Energiereinigung verwenden kannst.

Möglichkeiten, Wasser aufzuladen

Wasser aus natürlichen Quellen, Tempeln und Schreinen muss nicht aufgeladen werden. Es ist bereits heilig, und du kannst es sofort verwenden, um deine Energie in den Prozessen zu klären, die später beschrieben werden. Du kannst es allerdings aufladen, um deine spezifischen Absichten und Eigenschaften hinzuzufügen.

Auf der anderen Seite muss Wasser aus dem Hahn oder aus Flaschen aufgeladen werden, weil es eine Zeit lang unbewegt in der Leitung oder Flasche war und wahrscheinlich viel von seiner Lebensenergie und seinen natürlichen energetischen Prägungen verloren hat. Wie bereits erwähnt, beinhaltet das Aufladen von Wasser den Einsatz von Absicht, Gebeten, verschiedenen Lichtquellen, Kristallen, Blumen, ätherischen Ölen und Symbolen, um das Wasser mit einer bestimmten Art von Energie zu erfüllen.

Im Folgenden sind die beliebtesten und wirksamsten Methoden zum Aufladen von Wasser zum Zweck der Energiereinigung aufgeführt.

Himmlisches Licht

Die einfachste Möglichkeit, Wasser aufzuladen, besteht darin, es draußen stehen zu lassen, damit es sich mit dem Licht der Sonne, des Mondes und der Sterne vollsaugen kann. Diese himmlischen Lichter spiegeln unser eigenes inneres Licht wider und haben einzigartige Eigenschaften, die uns helfen können, verschiedene Arten von Energieangriffen auszuräumen.

- Sonnenlicht hat Yang-, also energetisierende und erhebende Eigenschaften und eignet sich großartig, um dunklere Energieanhaftungen wie anhaftende Geister, übersinnliche Dol che der Wut oder Eifersucht und toxische Bindungen an Menschen, traumatische frühere Leben und einschränkende Überzeugungen aufzulösen. Sonnenlicht hat auch motivierende Eigenschaften und kann großartig sein, um die Energie der Langeweile und Lethargie zu klären, vor allem weil sie etwas mit dem Erfüllen unserer Lebensaufgabe zu tun hat.

- Sternenlicht hat Yin-, also feminine, nährende und pflegende Eigenschaften und eignet sich hervorragend, wenn du dich beispielsweise exponiert und verletzlich fühlst, wenn du einen Streit mit jemandem hattest und starke Wellen der Negativität von demjenigen ausgehen, oder nachdem du von einer großen Menschenmenge umgeben warst und dir das zu viel geworden ist. Mit Sternenlicht angereichertes Wasser hilft dir, dich sicher, genährt und geschützt zu fühlen. Gleichzeitig schält es die Schichten toxischer Energie, die du vielleicht angezogen hast, sanft ab.
- Mondlicht kombiniert die weibliche Energie des Mondes und die männliche Energie der Sonne, um ein Gleichgewicht herzustellen. Mit Mondlicht angereichertes Wasser hilft, das Gleichgewicht in deinem Energiefeld wiederherzustellen, nachdem du Energieanhaftungen gelöst hast, und ermöglicht es damit deiner Schwingung, auf natürliche Weise anzusteigen und deine natürliche Aura-Abwehr zu stärken. Es ist ein großartiges Licht, mit dem man ergänzend zu anderen Energiereinigungspraktiken arbeiten kann.

Um Wasser mit himmlischem Licht aufzuladen, gießt du es in eine Glas- oder Keramikschale und lässt es dann mindestens drei Stunden lang in dem von dir gewählten Licht stehen. Sonnenwasser bereitet man am besten am frühen Morgen zu, Mondwasser bei Vollmond und Sternenlichtwasser in der Dunkelphase des Mondes.

Gebete und Mantras

Die einfachste Möglichkeit, heiliges Wasser herzustellen, ist das Beten. In seinem Bestseller *Die Botschaft des Wassers* beschreibt der japanische Wissenschaftler Masaru Emoto, wie er Wasser verschiedenen Worten, unterschiedlicher Musik und verschiedenen Bildern aussetzte, das Wasser später einfror und die resultierenden Kristalle fotografierte. Er entdeckte, dass Wasser, das positiven Gedanken, Musik und Bildern ausgesetzt war, ästhetisch schöne und symmetrische Wasserkristalle erzeugte, während Wasser, das negativen Medien ausgesetzt war, chaotische und desorganisierte Strukturen hervorbrachte. Daraus schloss er, dass Wasser eine »Blaupause für unsere Wirklichkeit« sei und dass unsere Gedanken, Worte und Energie die physische Struktur von Wasser verändern können.[2]

So gesehen verstärken wir buchstäblich die Struktur des Wassers und geben ihm eine bestimmte Energie, indem wir unsere positive Absicht durch Gebete und Mantras bewusst darauf richten. Um heiliges Wasser für die Energiereinigung herzustellen, kannst du jedes bekannte Gebet oder Mantra verwenden, das dir ein Gefühl der Sicherheit und des Schutzes gibt. Oder du denkst dir dein eigenes aus. Ich persönlich denke mir gern meine eigenen Gebete oder Absichtssprüche aus, die ich dann mehrmals wiederhole, während ich die Wasserschale entweder nah an mein Herz halte oder meine Hände darüber ausstrecke und mir vorstelle, wie meine Gebete und Absichten in das Wasser fließen.

Regenbogenwasser

Das Aufladen mit Regenbogenlicht ist eine schnelle Möglichkeit, Wasser aus der Leitung oder der Flasche mit Energie zu versorgen, insbesondere wenn das Sonnenlicht nicht ausreicht. Regenbogenlicht enthält alle Chakra-Farben und reinigt und erhöht die Schwingung deiner Chakras und deines gesamten Energiekörpers. Denke daran, wie du dich fühlst, wenn du nach einem heftigen Regen einen Regenbogen siehst. Er zaubert dir ein Strahlen ins Gesicht und seine ätherische Schönheit zieht deinen Blick in seinen Bann. Regenbogen verbinden uns wieder mit unserem kindlichen Sinn für Hoffnung, Freude, Spiel und Unverdorbenheit – mit unserer authentischen Natur. Sie erinnern uns daran, dass schwierige Situationen kommen und gehen und am Ende alles gut wird.

Um Regenbogenwasser herzustellen, hältst du deine dominante Hand über das Glas oder die Schüssel mit Wasser und lässt sie dann im Uhrzeigersinn kreisen, während du dir vorstellst, wie sich das Regenbogenlicht nach außen und in das Wasser hinein ausbreitet. Um es besonders wirkungsvoll zu machen, kannst du deinen Einhornführer oder die kollektive Essenz der Einhörner bitten, den Regenbogenstrahl durch das Wasser strömen zu lassen. Der *Regenbogenstrahl* ist eine hochschwingende, hochdimensionale Form von Regenbogenlicht, das die Wirksamkeit deines Regenbogenwassers verstärkt (mehr über den Regenbogenstrahl erfährst du in Kapitel 26).

Du kannst Regenbogenwasser pur verwenden, um deine Energie zu klären, indem du die Prozesse im folgenden Abschnitt anwendest. Oder du kannst es verwenden, um dein Wasser aus der Leitung oder der Flasche zu energetisieren, bevor du dieses Wasser weiter auflädst.

Kristallwasser

Kristallwasser ist eine fabelhafte Möglichkeit, die klärenden Eigenschaften von Erde und Wasser zu kombinieren. Steine und Kristalle haben jeweils einzigartige physische und energetische Eigenschaften, und wenn sie mit einer bestimmten Absicht eingesetzt werden, können sie uns helfen, unsere Energie sowohl zu klären als auch abzuschirmen. Hier auf Kristallheilung einzugehen, würde zwar den Rahmen dieses Buches sprengen, aber du kannst Kristallbücher, Websites darüber konsultieren oder auf deine eigene Intuition hören, um Kristalle mit klärenden Eigenschaften auszuwählen und zur Herstellung von Kristallwasser zu verwenden.

Meine persönlichen Lieblingskristalle für die Energiereinigung sind Obsidian, schwarzer Turmalin, Schungit, Apophyllit, Rauchquarz, Amethyst und Rosenquarz. Um Kristallwasser herzustellen, legst du deine gereinigten Kristalle einfach 24 Stunden lang in eine Schüssel mit Wasser, damit das Wasser die Energie der Kristalle aufnehmen kann. Es empfiehlt sich, die Wasserschale draußen oder in der Nähe eines Fensters zu platzieren, wo das natürliche Licht den Ladevorgang verstärkt.

Du kannst Kristallwasser zum Besprühen, Zerstäuben oder im Badewasser verwenden, solltest es aber niemals trinken, es sei denn, du weißt sicher, dass es keine Gefahr für die Gesundheit birgt. Während bestimmte Kristalle zur Herstellung von trinkbarem Wasser verwendet werden können, enthalten andere giftige Substanzen wie Blei, Quecksilber und Arsen.

Kräuter- und Blütenwasser

Eine weitere großartige Möglichkeit, die reinigenden Eigenschaften von Erde und Wasser zu kombinieren, besteht im Herstellen von heiligem Wasser aus Blüten, Kräutern, Blütenessenzen und ätherischen Ölen. Jede Pflanze hat einzigartige energetische und medizinische Eigenschaften, auch solche, die Energie reinigen. Indem du dem Wasser die Pflanzen an sich oder deren Bestandteile in Form von ätherischen Ölen und Blütenessenzen hinzufügst, kannst du komplexe und kraftvolle Elixiere herstellen, die du sowohl zum Reinigen verwenden kannst als auch zum Schutz deiner Energie.

Für die Herstellung von Kräuter- oder Blütenwasser wählst du ein bestimmtes Kraut oder eine bestimmte Blume und gibst die Blüten, Blütenblätter oder Blätter in das Wasser. Verwende am besten naturbelassene ungespritzte Kräuter und Blüten, um die höchste energetische Qualität zu gewährleisten. Nimm dir etwas Zeit, um dich mit der kollektiven Überseele der von dir gewählten Pflanze zu verbinden, zeige ihr dabei deine Wertschätzung darüber, dass sie dir ihre Lebenskraft gibt, und bitte dabei ihren Geist, dir beim Reinigen deiner Energie zu helfen. Stelle die Schale mit dem Wasser mindestens drei Stunden bei Vollmond nach draußen oder in die Morgensonne, damit das Wasser die Schwingungsessenz der von dir gewählten Pflanze aufnehmen kann.

Wenn du keinen Zugang zu deinem Lieblingskraut oder deiner Lieblingsblume hast, kannst du stattdessen je drei Tropfen von deren ätherischem Öl oder fünf Tropfen der entsprechenden Blütenessenz hinzufügen. Bevor du die Tropfen ins Wasser gibst, nimm dir etwas Zeit, um dich mit der kollektiven Überseele der Pflanze zu verbinden, Dank darzubringen und den Geist der Pflanze um Unterstützung zu bitten.

Wenn es darum geht, Kräuter und Blumen auszuwählen, mit denen du arbeiten möchtest, kannst du diverse Bücher, das Internet zurate ziehen oder deiner Intuition folgen. Meine persönlichen Favoriten für die Energiereinigung sind Zitronenverbene, Rosmarin, Salbei, Kiefer, Zeder, Narzisse und Rose.

Gehe beim Trinken von Kräuter- und Blütenwasser immer auf Nummer sicher. Während du einige Kräuter, Blumen und ätherische Öle bedenkenlos zu dir nehmen kannst, enthalten andere Pflanzen giftige Substanzen oder Pestizide, wovon du vielleicht nichts weißt. Blütenessenzen können jedoch allesamt unbedenklich konsumiert werden, da sie nur die energetische Essenz der Blüten und nicht ihre physischen Eigenschaften enthalten. (Blütenessenzen unterscheiden sich von ätherischen Ölen. Letztere enthalten Chemikalien aus den Blüten, die giftig sein können, während Erstere nur die Energie der Blüten enthalten.)

Achtsamer Umgang mit deinem heiligen Wasser

Nachdem du dein heiliges Wasser hergestellt hast, ist es wichtig, es auch wie heiliges Wasser zu behandeln. Bewahre es unbedingt in Glasflaschen oder Keramikbehältern auf; vermeide Plastikbehälter, da diese das Wasser sowohl chemisch als auch energetisch verunreinigen können. Wenn du verschiedene Arten von heiligem Wasser für unterschiedliche Zwecke herstellst, könntest du es vielleicht jeweils entsprechend kennzeichnen. Auf das Etikett schreibe ich gern sowohl die Inhaltsstoffe des heiligen Wassers als auch seinen Verwendungszweck, damit ich bei Bedarf schnell und einfach Elixiere für verschiedene Reinigungssituationen auswählen kann. Um dein heiliges Wasser optimal zu konservieren, bewahrst du die Behälter am besten bei Zimmertemperatur an einem dunklen Ort auf, beispielsweise in einer Schublade oder in einem Schrank.

Einsatzmöglichkeiten deines heiligen Wassers

Du kannst heiliges Wasser verwenden, um deine Energie auf verschiedene Weise zu reinigen. Im Folgenden stelle ich dir meine bevorzugten Methoden vor, aber tu dir keinen Zwang an. Experimentiere und setze dein heiliges Wasser so ein, wie es dir am sinnvollsten scheint.

Zerstäuben oder Besprühen

Das ist meine Lieblingsmethode, heiliges Wasser zur Energiereinigung einzusetzen. *Zerstäubt* oder *besprüht* wird hauptsächlich, wenn es eher darum geht, deine Aura zu reinigen als deinen Energiekörper. Und welche Arten von Energieanhaftungen du damit ausräumen kannst, hängt sowohl von den energetischen Eigenschaften deines heiligen Wassers ab als auch von deiner Absicht.

Um diese Methode anzuwenden, gießt du dein heiliges Wasser einfach in eine Sprühflasche aus Glas oder gibst ein paar Tropfen davon in eine Sprühflasche mit normalem Wasser, um daraus heiliges zu machen. Bevor du sprühst, appellierst du an den kollektiven Geist des Wassers und führst die ersten Schritte zur Energiereinigung aus, wie in Kapitel 7 beschrieben. Sprühe dann großzügig Wasser rund um deine Aura, beginnend am obersten Punkt deines Kopfes bis hinunter zu den Füßen. Weil sich das Zerstäuben besser eignet, um deine Aura zu reinigen, ist es nicht nötig, dass du deinen Körper besprühst.

Verspritzen

Das Verspritzen ist dem Zerstäuben ähnlich, eignet sich aber außerdem, um sowohl die Energie deines physischen Körpers als auch die deiner Aura zu klären. Dafür wird das heilige Wasser – oder normales Wasser mit ein paar Tropfen heiligem vermischt – in eine Glas- oder Keramikschale gegossen. Dann wird das Wasser mithilfe eines Kräuter- oder Blumenbüschels über deinen Körper und in deine Aura verspritzt. Ich verwende dazu gern aromatische Kräuter wie Basilikum, Minze, Lavendel, Rosmarin oder Salbei oder andere saisonale Kräuter oder Blumen, die sich gerade richtig anfühlen. Das Verspritzen hat gegenüber dem Zerstäuben noch einen zusätzlichen Vorteil, nämlich dass du auch von der spirituellen und energetischen Medizin der Kräuter und Blumen im Bündel profitieren kannst, mit denen du das Wasser verspritzt. Das bringt eine zusätzliche Klärungsschicht in den Prozess ein.

Trinken

Wenn dein heiliges Wasser unbedenklich konsumiert werden kann (also nicht mit gesundheitsschädigenden Kristallen, Kräutern oder Blüten hergestellt wurde), gibt es einige Möglichkeiten, wie du es trinken kannst, um deine Energie zu klären.

Ich gebe gern ein paar Tropfen heiliges Wasser in ein Glas normales Wasser und trinke es dann achtsam in einer kleinen Zeremonie. Dabei ist es wichtig, dass man sich vor dem Trinken etwas Zeit nimmt, um den kollektiven Geist des Wassers anzurufen und zu bitten, seine Gegenwart in das Glas mit dem Wasser fließen zu lassen. Nimm das Glas dann in die Hand, führe es an den Mund und bringe das Wasser in Kontakt mit deinen Lippen. Nimm einen kleinen Schluck und visualisiere beim Schlucken, wie sich die Energie des Wassers in deinem Körper und deiner Aura ausdehnt und giftige Energieanhaftungen löst. Nimm achtsam weitere Schlucke, bis das Glas leer ist.

Eine andere Möglichkeit, zur Energiereinigung heiliges Wasser aufzunehmen, besteht darin, es in eine Tropfflasche aus Glas zu geben und fünfmal täglich fünf Tropfen davon zu sich zu nehmen. Mit einer kurmäßigen täglichen Anwendung über einen Monat klärst du nicht nur deine Energie, sondern stärkst langfristig auch deine natürlichen energetischen Abwehrkräfte. Dies hat einiges mit der Einnahme von Blütenessenzen und homöopathischen Elixieren gemeinsam. Es ermöglicht dem heiligen Wasser, tiefer einzudringen und die verschiedenen Schichten deiner Aura und deines Energiekörpers zu reinigen und zu stärken.

Ins Badewasser geben

Ein reinigendes Bad in Wasser, dem verschiedenen Badesalze und ätherische Öle zugefügt wurden, ist eine beliebte und effektive Methode zur Reinigung deiner Energie. Wenn du dein Reinigungsbad noch potenter machen willst, kannst du auch ein paar Tropfen deines heiligen Wassers hinzufügen oder das Wasser einfach ohne weitere Zusätze verwenden. Vielleicht möchtest du sogar dein Badewasser mithilfe von Gebeten, Mantras, Kristallen, Blüten oder Regenbogenlicht in heiliges Wasser verwandeln.

Wenn dein Reinigungsbad vorbereitet ist, führst du die ersten Schritte zum Energieschutz aus und tauchst dann in das Wasser ein, wobei du dir vorstellst, dass alle unerwünschten Energieanhaftungen aus deinem Körper in das Badewasser gespült werden. Ich habe festgestellt, dass Reinigungsbäder effektiver sind als das Zerstäuben, Verspritzen oder Trinken von Wasser, einfach weil du dabei länger mit dem Wasser in Berührung kommst, was eine tiefere Reinigung ermöglicht.

Eine andere, natürlichere Art, ein Reinigungsbad zu nehmen, ist das Baden im Meer, in einem See, einem Fluss oder einem Wasserfall. Wie ich zu Beginn dieses Kapitels erwähnt habe, ist natürliches Wasser bereits heilig, weil es die energetische Prägung der Erde, der Sonne, des Mondes und der Sterne sowie die kollektive Energie des Elementarreiches enthält.

Wasser ist ein starker Energieumwandler, und dies sind nur ein paar Möglichkeiten, wie du es zur Energiereinigung einsetzen kannst. Führe diese Prozesse so aus, wie sie hier beschrieben sind, oder lass dich davon zu neuen Möglichkeiten inspirieren, Wasser zur Reinigung deines Energiefeldes einzusetzen.

Kapitel 23

EINHORNDUSCHE

In Diana Coopers Buch *Das Wunder des Einhorns* habe ich zum ersten Mal etwas über »Einhornduschen« gelesen. Und seitdem habe ich den Prozess so weiterentwickelt, dass er meiner Auffassung von Energiereinigung und Einhörnern entspricht. Einhörner sind Geistelementare und spirituelle Erweiterungen unserer Seele, die es möglich machen, dass zwischen unserer physischen und unserer spirituellen Präsenz göttliche Intelligenz und Lebensenergie ausgetauscht werden kann.

Einhörner verkörpern unser authentisches Wesen und tragen demnach die Blaupause in sich, mit der wir unsere Lebensaufgabe finden und dieser nachgehen. Wir alle haben einen Einhorn-Geistführer, der als Verkörperung unseres authentischen Selbst im Einklang mit unserer Lebensaufgabe ist und mit dem Wissen, wie wir ihr nachgehen und sie erfüllen können. In mein zweites Buch *Lightworkers Gotta Work* habe ich mehrere geführte Einhornmeditationen aufgenommen, in denen es vorranging darum geht, unsere Lebensaufgabe zu finden und ihr nachzugehen. In diesem Buch liegt der Schwerpunkt auf der Fähigkeit von Einhörnern, uns auf unsere wahre Essenz und unser wahres Wesen ausrichten zu helfen, auf unsere energetische Authentizität.

Zu einer Einhorndusche gehört, dass du deinen Einhornführer bittest, das Duschwasser mit dem Regenbogenstrahl zu durchtränken, der deine Energie sowohl reinigt als auch anhebt. Der Regenbogenstrahl ist ein hochschwingendes, hochdimensionales göttliches Licht, das die höchste Frequenz aller Farben des Regenbogens enthält und die Schwingung von allem erhöhen kann, womit es in Kontakt kommt. Die Einhörner kanalisieren den Regenbogenstrahl und bringen ihn auf die menschliche Ebene, damit wir damit arbeiten können, um unsere Energie zu verstärken.

Deine abendliche Dusche in eine Einhorndusche zu verwandeln ist eine großartige Möglichkeit, deine Energie zu klären und deine Schwingung am Tagesende anzuheben. Dieser Prozess kombiniert die reinigenden und klärenden Eigenschaften des Wassers mit der erhebenden Energie des Regenbogenstrahls, um die meisten Energieanhaftungen zu beseitigen, die du im Laufe des Tages anziehst, etwa im Raum verbliebene Restenergie, Gedankenformen und kleinere übersinnliche Angriffe.

Hier die einzelnen Schritte des Prozesses:

1. Schließe die Augen, versetze dich in einen meditativen Zustand und führe die ersten drei Schritte im Energieschutzprozess aus: Erden, Zentrieren und Verbinden.
2. Scanne mit aktiviertem 360-Grad-Blick deinen Energiekörper und deine Aura, um die verschiedenen Energieanhaftungen zu identifizieren, die dein Energiefeld derzeit trüben.
3. Dein Herz ist das Tor zu deiner Seele und das spirituelle Element in dir. Lege deine Hände auf die Brust und visualisiere einen winzigen weißen Lichtpunkt in der Mitte deines Herzens. Er steht für die Energie deiner Seele, die hier durchdringt. Stelle dir mit jedem Atemzug vor, dass dieser weiße Lichtpunkt größer und immer größer wird und sich schließlich so weit ausdehnt, dass er deinen ganzen Körper und deine Aura erfüllt. Dieses Licht ist die Energie der Seele, die dein

Wesen und Bewusstsein belebt. Es fungiert als Brücke zwischen deiner physischen und deiner spirituellen Sichtweise.

4. Erhöhe deine Achtsamkeit und nimm wahr, wie sich das Element Äther oder Geist in der Welt um dich herum manifestiert. Beobachte, wie alle belebten und unbelebten Wesen und Objekte zu jeder Zeit von göttlicher Intelligenz durchflossen werden, wie sich unser Planet im Weltraum in perfektem Abstand zu anderen Planeten bewegt und wie das Leben und das ganze Universum nach Maßgabe dieser göttlichen Intelligenz funktionieren.
5. Während du dich mit der kollektiven Essenz des Elements Äther verbindest, appellierst du in Gedanken oder laut ausgesprochen an deinen Einhornführer, zu erscheinen. Du könntest sagen: *Ich appelliere an meinen Einhornführer, zu mir zu kommen und meinen Körper und meine Aura von allem zu reinigen, was mir nicht mehr dient.*
6. Als Nächstes wirst du sehen, fühlen, hören oder einfach nur wissen, dass dein Einhornführer anwesend ist. Bitte dein Einhorn, sein Horn, auch Alicorn genannt, auf das aus dem Duschkopf fließende Wasser zu richten und es mit dem Regenbogenstrahl zu durchdringen, um alle unerwünschten Energieanhaftungen zu beseitigen und deine Schwingung zu erhöhen.
7. Stell dich dann unter die Dusche und lass das Wasser über dich fließen. Visualisiere die Energie des vom Regenbogenstrahl durchdrungenen Wassers, die durch deinen physischen Körper fließt, sich über deine Aura ausdehnt und alles auflöst, was du im Laufe des Tages aufgenommen hast und was nicht in Einklang mit deinem authentischen Selbst ist.
8. Wenn du das Gefühl hast, dich sowohl körperlich als auch energetisch vollständig gereinigt zu haben, dann bedanke dich bei deinem Einhornführer und komme aus der Dusche. Du fühlst dich wiederaufgerichtet.

Kapitel 24

TOXISCHE BINDUNGSSCHNÜRE DURCHTRENNEN

Du kannst zahlreiche Werkzeuge, Methoden und Geistführer einsetzen, um toxische Bindungsschnüre zu durchtrennen, genauso wie du mehrere Möglichkeiten hast, deinen ätherischen Körper, deine Aura und deine Chakras zu reinigen. Meine bevorzugte Methode zum Durchtrennen von Bindungsschnüren erfordert jedoch keine Instrumente und auch keine Geistwesen. Sie verlässt sich vielmehr ausschließlich auf unseren physischen Körper, speziell auf unsere Hände.

Wie ich bereits sagte, sind die einzigen Werkzeuge, die du für die spirituelle Reinigung und den entsprechenden Schutz wirklich brauchst, dein Körper und deine Absicht. Alle anderen Instrumente und Geistwesen sind nur dazu da, deine eigene Kraft zu verstärken. Auch wenn wir Bindungsschnüre mit solchen Werkzeugen und Wesen leicht durchtrennen könnten, glaube ich, dass es angesichts des sehr persönlichen Charakters dieser Schnüre effektiver ist, dies vollständig aus eigener Kraft anzugehen.

Im Gegensatz zu anderen Arten von Energieanhaftungen – wie kollektive Gedankenformen, niedere Geister und im Raum verbliebene Restenergie, die du im Alltag oft spontan und unbewusst aufnimmst, wenn du mit Menschen und Räumen interagierst – werden toxische Bindungsstränge im Laufe der Zeit ganz bewusst geknüpft. Die meisten dieser Bindungen entstehen als Ergebnis der Zeit und der Energie, die du bewusst mit anderen verbringst und in sie investierst – gemeinsame Erlebnisse und Gespräche. Selbst wenn diese Schnüre zu Beginn einer Beziehung positiv gewesen sein mögen, sind sie mittlerweile negativ geworden, weil sich die Beziehung verschlechtert hat.

Gleiches gilt für deine toxischen Bindungen an Orte, Objekte, Überzeugungen, verstorbene Haustiere, frühere Leben und so weiter. Auch wenn diese keine menschlichen Lebewesen sind, kannst du mit ihrer Energie und Seinsweise interagieren. Genauso wie du Beziehungen zu Menschen hast, hast du Beziehungen zu diesen Orten, einschränkenden Überzeugungen, Objekten und früheren Leben.

Ich habe herausgefunden, dass es aufgrund der Intimität dieser Beziehungen einen ebenso intimen Prozess erfordert, sie richtig loszulassen. Und dafür ist unsere Körperlichkeit das ideale Werkzeug.

Der Prozess des Schnurdurchtrennens

Durchtrenne und löse die toxischen Bindungsschnüre zu Menschen, Orten, Objekten, Überzeugungen und früheren Leben, die du in deiner Scanning-Sitzung identifiziert hast, in folgenden Schritten:

1. Schließe die Augen, versetze dich in einen meditativen Zustand und führe die ersten drei Schritte im Energieschutzprozess aus: Erden, Zentrieren und Verbinden.

2. Scanne mit aktiviertem 360-Grad-Blick deinen Energiekörper und deine Aura, um die verschiedenen toxischen Bindungsstränge zu identifizieren, die dein Energiefeld derzeit trüben.
3. Nimm dir etwas Zeit, jede Schnur vorsichtig zu berühren und zu verfolgen, um herauszufinden, wohin sie führt. Bei dieser Interaktion wirst du ein Gefühl für die Person, den Ort, das Objekt, die Überzeugung oder das frühere Leben bekommen, mit dem sie verbunden ist. Achte im Laufe dieses Prozesses darauf, keine Gefühle der Wut, Verletztheit und Ablehnung aufzurühren, da dies die Anhaftung nur stärken würde. Schaue dir die Schnüre einfach an und mach dir im Geiste Notizen darüber, was sie bedeuten.
4. Wenn du dann alle Schnüre ausfindig gemacht hast, ist es an der Zeit, sie zu durchtrennen und diese Beziehungen aufzugeben. Komm in deine Kraft, um Energie zu klären, im Sitzen oder Stehen, mit offenen oder geschlossenen Augen. Spüre, wie dich die Lebensenergie durchfließt und mit dem Himmel über und dem Erdboden unter dir verbindet. Und bestätige dich in deinem Wissen, dass du alles hast, was du brauchst, um diese toxischen Bindungen ganz loszulassen.
5. Betrachte deine dominante Hand als nützliches Werkzeug in diesem Prozess. Wenn du bereit bist, spreize deine Finger so weit, dass deine Hand ganz offen ist, und führe die Hand schnell durch jede Schnur. Du durchtrennst die Schnüre also, indem du deine Hand als energisches Messer einsetzt. Sage dir dabei in Gedanken oder sprich laut aus: *Ich entlasse dich ganz und gar aus meinem Leben.* Sende Liebe und Dank an die Menschen, Orte, Objekte, Überzeugungen und frühere Leben, die dich so viel gelehrt haben. Negative, wütende oder nachtragende Energie behindert das Durchtrennen der Schnur, also vermeide sie. Atme zwischen den einzelnen

Schnitten ein paarmal tief durch, um deine Energie neu zu fokussieren.

6. Nachdem du alle Schnüre durchtrennt hast, bleibe mindestens fünf Minuten lang ruhig sitzen, damit sich dein Körper an die neuen Veränderungen gewöhnen kann, während du dem, was du losgelassen hast, Liebe und Dank schickst.
7. Wenn du das Gefühl hast, dass der Prozess abgeschlossen ist, beendest du die Meditation und nimmst eine Dusche, um deine Energie zu klären und zu erden.

Umgang mit stark anhaftenden Schnüren

Wenn es um das Durchtrennen von Bindungsschnüren geht, solltest du unbedingt daran denken, dass die Arbeit nicht in dem Moment beendet ist, in dem die Schnur durchtrennt ist. Indem du die Schnur durchtrennst, gibst du diese Person, diesen Ort, dieses Objekt, diese Überzeugung oder dieses frühere Leben energetisch frei und erklärst deine Absicht, dich nicht länger negativ davon beeinflussen zu lassen. Abgesehen davon kann deine physische Bindung zu dieser Entität aber weiterbestehen. Möglicherweise siehst du diese Menschen immer noch täglich, hast immer noch negative Überzeugungen oder hältst dich immer noch an bestimmten Orten auf. Das kann zur Folge haben, dass einige dieser Schnüre wieder auftauchen und deine toxischen Anhaftungen wiederherstellen.

Um dies zu vermeiden, musst du bereit sein, die praktische, wirkliche Arbeit an dir anzugehen, die sich schon bald nach der Sitzung der Schnurdurchtrennung ergeben wird. Nachdem du diese Anhaftungen spirituell gelöst und damit deine Energie verändert hast, wirst du Situationen, Begegnungen und Umstände anziehen, die es dir ermöglichen, sie auch physisch zu lösen.

Vielleicht hast du Gelegenheit, mit einigen dieser Menschen ein offenes Gespräch zu führen, in dem du deine Beziehung zu ihnen ruhig, aber bestimmt beendest oder veränderst. Möglicherweise bekommst du ein Stellenangebot in einer anderen Stadt oder hast das Gefühl, eine Veränderung in deinem Leben vornehmen und im Zuge dessen ein Objekt oder eine Substanz loslassen zu müssen. Vielleicht hast du das Bedürfnis, ein bestimmtes Buch zu lesen, einen Workshop zu besuchen oder dich für einen Onlinekurs anzumelden, der alle Informationen enthält, die du brauchst, um eine einschränkende Überzeugung vollständig zu überwinden oder ein Trauma aus einem früheren Leben zu heilen.

Es ist entscheidend, dass du diese Gelegenheiten wahrnimmst, wenn sie sich bieten. Dein Ego wird mit ziemlicher Sicherheit eingreifen und versuchen, den Heilungsprozess zu behindern, indem es diese Menschen besänftigt, deinen Schmerz unterdrückt und dich dazu bringt zu leugnen, was du durchgemacht hast. Jetzt ist es an der Zeit, sich dieser sabotierenden Gedanken bewusst zu werden und den Mut aufzubringen, sie zu ignorieren und den Prozess des Schnurdurchtrennens abzuschließen.

Teil III

Schirme deine Energie ab

Kapitel 25

ENERGIE ABSCHIRMEN. EINE EINFÜHRUNG

Nachdem du nun toxische Energieanhaftungen in deinem Energiefeld identifiziert und sie daraus entfernt hast, bist du jetzt so weit, dich mit verschiedenen Lichtschichten abschirmen zu können. Diese Schilde fungieren im Alltag als deine energetische Rüstung. Sie halten deine Schwingung hoch, stärken deine energetischen Abwehrkräfte und wehren Energieangriffe gegen dich ab.

Wenn du das Abschirmen von Energie bereits praktiziert hast, weißt du wahrscheinlich, wie du dich mit weißem Licht abschirmen oder Erzengel Michael bitten kannst, dich mit violettem Licht zu umgeben. Möglicherweise hast du auch schon Kristalle wie schwarzen Turmalin und Obsidian eingesetzt, um unerwünschte Energie abzuwehren. Oder vielleicht hast du deine Schutzengel gebeten, als deine spirituellen Leibwächter zu fungieren, wenn du wusstest, dass du in die Nähe von Energievampiren kommen würdest. Dies sind zwar alles ausgezeichnete Möglichkeiten, deine Energie abzuschirmen, aber sie funktionieren nicht bei jeder Art von Energieangriff. Genauso wie wir zu unterschiedlichen Anlässen unterschiedliche Kleidung tragen, müssen wir auch unterschiedliche Schutzschilde oder eine Kombination aus Schilden verwenden, wenn wir uns verschiedenen Menschen, Orten und Umständen aussetzen.

In diesem Teil des Buches stelle ich eine anspruchsvollere Methode der Energieabschirmung vor – eine, die dir dabei hilft, sowohl die jeweils richtigen Energieschilde für jede Situation auszuwählen als auch diese Schilde entsprechend zu kombinieren.

Schildtypen

Es gibt drei Arten von Schilden, die du einsetzen kannst, wenn es darum geht, deine Energie vor Angriffen zu schützen:

Abwehrschilde: Wie der Name schon sagt, haben diese Schilde die Aufgabe, negative Energie abzuwehren. Statt einfach nur deinen natürlichen Schutzmechanismus zu stärken, fügen Abwehrschilde deiner Aura eine zusätzliche Schutzschicht hinzu, die ankommende Energieanhaftungen abwehrt.

Abwehrschilde sind also nützlich, wenn du unterwegs und unbekannten Personen oder unbekannten Orten ausgesetzt bist, zum Beispiel wenn du dich in Bars, Restaurants, Konzertsälen etc. aufhältst. Die Schilde eignen sich auch hervorragend, um dich vor toxischen Menschen zu schützen, besonders bei Streitigkeiten. Und sie funktionieren gut bei Interaktionen mit toxischen Familienmitgliedern und Energievampiren.

Abwehrschilde gibt es in verschiedenen Stärken, von leicht über stark bis zu undurchdringlich. Oft hängt die Stärke des Schildes von der Art ab, wie du ihn programmierst, während sie zu anderen Zeiten etwas mit den spezifischen Eigenschaften des jeweiligen Schildes zu tun hat. Leichte Abwehrschilde werden häufig als tägliche Schutzschilde vor Energieschwankungen in deiner Umgebung verwendet, während stärkere und undurchdringliche Abwehrschilde in Situationen zum Einsatz kommen, in denen du einem hohen Maß an Negativität ausgesetzt bist.

Beim Einsatz von undurchdringlichen Abwehrschilden ist Vorsicht geboten, weil sie sich oft als Hindernis für tiefere soziale Interaktionen erweisen (das Abschirmen mit einem undurchdringlichen Schild kann sich manchmal wie eine dissoziative Störung anfühlen). Deine Aura schrumpft, damit der Schild dich vollständig umgeben kann, was dazu führt, dass sich deine Gedanken und Gefühle von dem lösen, was um dich herum vor sich geht. Dies sorgt für deine energetische Sicherheit, bis du dich aus der Situation herausbewegst.

Daher sollten undurchdringliche Abwehrschilde am besten nur dann eingesetzt werden, wenn du ganz deutlich wahrnimmst, dass du einem Energieangriff ausgesetzt bist, oder kurz davor bist, dich in ein besonders toxisches Umfeld zu begeben. Ich persönlich habe undurchdringliche Schilde eingesetzt, wenn ich in Krankenhäusern und bei Beerdigungen war oder wenn ich mich emotional angegriffen oder gemobbt fühlte.

Verstärkende Schilde: Anstatt toxische Energie abzuwehren, stärken diese Schilde deine natürliche Energieabwehr, indem sie deine Schwingung erhöhen. Sie sind wie spirituelle Vitamine, die durch deine Aura und deinen Energiekörper strömen und deren Schwingung verstärken, sodass du nicht so leicht von externer Negativität beeinflusst wirst. Je höher deine Schwingungsfrequenz ist, desto geringer ist die Wahrscheinlichkeit, dass du Energieanhaftungen aufnimmst, und desto besser ist dein Energiefeld darin, auf dich zukommende Energieanhaftungen abzuwehren.

Was ich an verstärkenden Schilden mag, ist, dass sie dich so von der Welt abschneiden wie Abwehrschilde. Daher ermöglichen sie dir, mit Menschen zu interagieren und gesellig zu sein und dennoch starke energetische Grenzen zu wahren. Aus diesem Grund eignen sie sich ganz hervorragend als Schutzschilde, wenn du mit vertrauten Personen an vertrauten Orten interagierst, etwa wenn du in deinem Alltag inmitten von Freunden, Kollegen und der Familie bist.

Transmutierende Schilde: Dies sind mächtige Schilde, die weder negative Energie abwehren noch deine eigene energetische Abwehr verstärken. Vielmehr wandeln sie auf dich zukommende Energieanhaftungen in rein positive Energie um. Anstatt dich vor den Schattenseiten des Lebens abzuschirmen, helfen dir transmutierende Schilde, die Dunkelheit anzunehmen, und zeigen dir, wie du sie in Licht verwandeln kannst.

Transmutierende Schilde eignen sich hervorragend für Menschen, die in Gesundheitsberufen arbeiten, wie Ärzte, Krankenschwestern, Therapeuten, Heiler, Intuitive oder alle, die viel mit Menschen zu tun haben. Sie ermöglichen es dir, präsent und einfühlsam zu sein, ohne den Schmerz anderer Menschen auf dich zu nehmen oder ihre negative Energie zu absorbieren.

Auch wenn das Kategorisieren von Schilden nützlich ist, wenn es darum geht, welche Schilde in verschiedenen Situationen eingesetzt werden sollen, sollte man sich keineswegs von diesen Kategorisierungen einschränken lassen. Der wichtigste Faktor für die Schutzkraft eines Schildes ist die Absicht dahinter. Die Einteilung, die ich hier vorgenommen habe, basiert größtenteils auf meinen persönlichen Erfahrungen sowie auf meiner Beobachtung der Erfahrungen anderer Menschen. Wir alle nehmen Energie unterschiedlich wahr. Daher solltest du dich durch meine oder die Erfahrung anderer nicht einschränken lassen.

Das Schichten deiner Schilde

Je nach der Situation, in der du dich befindest, willst du möglicherweise eine Kombination aus Schilden einsetzen. Hier ein paar grundlegende Richtlinien für das Schichten der Schilde:

- **Beginne mit einem verstärkenden Schild und füge nach Bedarf weitere Schilde hinzu.** Dies ist die grundlegende Methode zum Schichten deiner Schilde. Da verstärkende Schilde die natürliche Abwehr deiner Aura stärken, eignen sie sich großartig für den täglichen Gebrauch. Je nachdem, mit welchen Menschen und Orten du es bei einer bestimmten Gelegenheit zu tun hast, kannst du dann einen Abwehrschild oder einen transmutierenden Schild hinzufügen, um die Energien zu ergänzen.
- **Vorsicht beim Schichten von Abwehrschilden und transmutiernden Schilden.** Abwehrschilde wehren Energie ab, während transmutierende Schilde sie empfangen und umwandeln. Daher passen diese Schilde nicht optimal zusammen, obwohl eine Schichtung ihre Funktionalität nicht unbedingt beeinträchtigen würde. Gleichwohl könntest du einen Abwehrschild so programmieren, dass er eine bestimmte Energieart abwehrt, während du gleichzeitig einen transmutierenden Schild so programmieren könntest, dass er eine andere Energieart umwandelt. Dies würde es dir ermöglichen, die Schilde wirksam zu schichten.
- **Schichte keine Schilde derselben Kategorie übereinander.** Der Einsatz mehrerer Abwehrschilde oder transmutierender Schilde übereinander kann dazu führen, dass du dich von deiner Umgebung abgetrennt und fehl am Platz fühlst. Abwehrschilde sind von Natur aus wehrhaft und können dich vom Rest der Welt abschotten. Mehr als einen davon gleich-

zeitig einzusetzen, kann dich also an tieferen Interaktionen mit Menschen hindern. Was transmutierende Schilde betrifft, so kann die gleichzeitige Verwendung von mehr als einem deine Umwandlungsfähigkeiten beeinträchtigen und dich für toxische Energie anfällig machen. Jeder transmutierende Schild arbeitet auf komplexe, alchemistische Weise, um Energie umzuwandeln. Ein zweiter Schild dieser Art kann den Umwandlungsprozess, der durch den ersten in Gang gekommen ist, stören oder blockieren.

- Auch das Schichten verschiedener Verstärkungsschilde kann Nachteile haben, vor allem den, dass du dich benommen und irgendwie entrückt fühlst. Aufgrund ihrer intensiven, hochschwingenden Eigenschaften können dich mehrere verstärkende Schilde, wenn sie übereinander angeordnet sind, aus deiner Mitte und um deine Erdung bringen, und dich so daran hindern, tiefere Interaktionen mit Menschen zu haben und vollständig in dem physischen Raum, in dem du gerade bist, präsent zu sein.
- Darüber hinaus impliziert das Schichten von Schilden derselben Kategorie, dass du nicht darauf vertraust, dass dich der ursprüngliche Schild ausreichend schützt. Dieser Zweifel schwächt sowohl den anfänglichen Schild als auch die kombinierten Kräfte aller weiteren Schilde.
- **Schichte maximal drei Schilde übereinander.** Auch wenn es verlockend sein mag, sich mit so vielen Schilden wie möglich zu schützen, solltest du dich möglichst auf drei beschränken.
- Dafür gibt es einige Gründe:
  - Erstens, das Abschirmen mit mehreren Schilden kann ein Zeichen von Co-Abhängigkeit sein und dafür, dass du deine Macht abgibst. Wie ich in diesem Buch schon mehrmals erwähnt habe, hast du die Kraft, dich selbst zu schützen. Energieschutzprozesse helfen dir lediglich, diese Kraft

zu kanalisieren. Dich hektisch mit vielen Schilden abschirmen zu wollen, deutet auf eine Unsicherheit in Bezug auf deine eigene Schutzkraft sowie auf eine übermäßige Abhängigkeit von externen Faktoren hin.

- Zweitens, je mehr Schutzschilde du verwendest, desto mehr Barrieren baust du zwischen dir und der Außenwelt auf. Auch wenn es wichtig ist, dich selbst zu schützen, führt eine Übertreibung nur in die Isolation und zu einer Loslösung von anderen Menschen und vom Leben im Allgemeinen. Wir sollten uns immer wieder daran erinnern, dass wir soziale Wesen sind, die menschliche Interaktion brauchen, um zu gedeihen und ein erfülltes Leben zu führen. Verstecke dich also lieber nicht hinter mehreren Schilden, sondern erlaube dir, ein paar gegensätzliche Erfahrungen zu machen, indem du mit den Schattenseiten von Menschen und dem Leben interagierst und die Lektionen lernst, die sich daraus ergeben.
- Und schließlich kann, wie ich bereits erklärt habe, das Übereinanderschichten mehrerer kontrastierender Schilde dazu führen, dass sie sich gegenseitig in ihrer jeweiligen Funktion beeinträchtigen und dich verwundbar und ungeschützt zurücklassen.

Als Faustregel gilt: Das Schichten deiner Schutzschilde sollte damit beginnen, dass du dir darüber im Klaren bist, welche Art von Schutz du unter bestimmten Umständen brauchst. Es ist immer gut, mit einem verstärkenden Schild zu beginnen, um dein Energiefeld zu stärken, bevor du eine Kombination aus Abwehrschild und transmutierendem Schild hinzufügst, um auf die Energie zu reagieren, der du ausgesetzt bist.

Kapitel 26

EIN SCHILD AUS REGENBOGENLICHT

Der *Regenbogenstrahl* oder einfach das *Regenbogenlicht* ist eine hochschwingende Energie, die von aufgestiegenen Wesen des Elements Äther oder Geist, etwa von Einhörnern, hervorgebracht wird. Du hast Zugang zur kollektiven Essenz des Einhornreichs, also zu den Äther-Elementaren, und zwar zusätzlich zu deinem Einhornführer, der eine spirituelle Erweiterung deiner Seele ist.

Der Regenbogenstrahl besteht aus allen Farben deiner Chakras in ihrer reinsten und höchsten Lichtfrequenz und kann deine Schwingung erhöhen und deine natürliche Energieabwehr so weit stärken, dass du energetisch nicht mehr angegriffen werden kannst. Wenn du vom Standpunkt deines Egos aus lebst, wirkt sich ein Energieangriff nur dann auf dich aus, wenn deine Schwingung dazu passt. Wenn du deine Frequenz erhöhst, indem du in das Regenbogenlicht eintauchst, wirst du unempfindlich gegen Energieangriffe und Negativität aller Art.

Als ich meinen Onlinekurs *Unicorn Bootcamp* gab, kam ich zum ersten Mal mit dem Regenbogenstrahl in Kontakt, nachdem ich Verbindung mit meinem Einhornführer Xeros aufgenommen hatte. Xeros und die vereinte Präsenz des Einhornreichs brachten mich dazu, das Horn meines Einhorns, das Alicorn, jedes einzelne meiner Chakras berühren zu lassen. Sie erklärten, dass das Alicorn kein physisches Horn sei, sondern ein hochschwingendes Licht, das jeden Teil des Bewusstseins, mit dem es in Kontakt komme, neu justieren könne. Ich spürte den Energieschub, der durch meinen Körper floss, als Xeros' Alicorn meine Chakras berührte, und fühlte mich sofort mit der Quelle verbunden.

Dieses augenscheinlich weiße Licht war eigentlich der Regenbogenstrahl, was mir damals nicht bewusst war. Abgesehen davon, dass sich die sieben Farben des Regenbogens zu weißem Licht verbinden, sind die Farben im Inneren des Regenbogenstrahls so hochschwingend und ihre Energie ist so stark, dass du nur weißes Licht siehst, selbst wenn du sie einzeln erlebst. Seitdem arbeite ich bewusst mit Xeros, den Einhörnern und dem Regenbogenstrahl, um täglich in diesem Licht zu baden.

Hier die einzelnen Schritte, um dich mit Regenbogenlicht abzuschirmen:

1. Begib dich in einen meditativen Zustand und rufe deinen Einhornführer an.
2. Wenn sich dein Einhorn bemerkbar gemacht hat, achte auf sein Horn, das Alicorn. Denk daran, wie großartig es ist und wie mächtig, wenn es darum geht, alles neu zu justieren, womit es in Kontakt kommt.
3. Bitte dein Einhorn, dein Drittes-Auge-Chakra mit der Spitze seines Horns zu berühren. Der Regenbogenstrahl dringt durch das Horn in dieses Chakra ein und breitet sich dann in deinem ganzen Körper und deiner Aura aus. Du stellst wahrscheinlich eine Veränderung in deiner Energie fest, sobald dies eintritt.
4. Lass dein Einhorn ein paar Minuten lang den Regenbogenstrahl aussenden oder bis du einen deutlichen Anstieg deiner

Schwingung bemerkst. Bedanke dich bei deinem Einhorn und bitte es, die Übertragung zu beenden, wenn du das Gefühl hast, genug Licht empfangen zu haben.

5. Meditiere eine Weile in diesem Zustand. Bitte das Regenbogenlicht, so lange bei dir zu bleiben, wie du es heute brauchst, damit du nur Erfahrungen anziehst, die zu seiner hohen Frequenz passen.
6. Beende die Meditation mit frischer Energie und frischem Mut, wenn du bereit dazu bist, und kehre in deinen Alltag zurück.

Kapitel 27

WEISSE LICHTBLASE

Sich mit weißem Licht abzuschirmen ist bei Weitem die beliebteste Energieschutztechnik. Auf meiner Reise durch Selbsthilfebücher, Veranstaltungen, Kurse und Onlineprogramme zu meinem Lernziel, mir Wissen über Energie und die geistige Welt anzueigenen, haben uns Autoren und Kursleiter immer vorgeschlagen, uns mit weißem Licht abzuschirmen, um unsere Energie zu schützen. Mit der Zeit vertiefte sich mein Verständnis von Energie, und mir wurde schließlich klar, dass das Abschirmen mit weißem Licht zwar tatsächlich eine wirksame Schutztechnik ist, aber kein einheitlicher Prozess. Das Abschirmen mit weißem Licht funktioniert zwar, eignet sich aber nur für bestimmte Zwecke, was auch auf alle anderen Abschirmverfahren zutrifft.

Wir sind aus Licht und Liebe gemacht. Ich bin sicher, du hast diesen Spruch, mit dem in spirituellen Gemeinschaften oft ganz beiläufig um sich geworfen wird, auch schon gehört. Er bedeutet, dass die Essenz dessen, was wir sind, dass unsere Seele, eine Erweiterung der Quelle, liebevoller Natur ist. Darüber hinaus besteht unsere Körperlichkeit buchstäblich aus Licht. Die Quantenphysik behauptet, dass man, wenn man in jedes einzelne physische Teilchen Bewusstsein, einschließlich des physischen Körpers, hineinzoomt, Vibrationen beziehungsweise Wellen findet, die sich auch in Form von Licht zeigen.

Wenn du dich mit weißem Licht abschirmst, schirmst du dich im Wesentlichen mit der Liebe und dem Licht ab, aus denen du gemacht bist. Dieser Prozess ist deshalb so beliebt geworden, weil er dich dazu bringt, dich mit deiner Essenz und deinem inneren Wesen zu verbinden – mit dem, was du wirklich bist. Ganz auf einer Linie mit der Liebe und dem Licht zu sein, das du bist, sichert dich ab und schützt dich vor allem, was nicht dazupasst. Daher verstärkt das Abschirmen mit weißem Licht deine natürlichen energetischen Abwehrkräfte und erhöht deine Schwingung, während dies alles wiederum deine Fähigkeit, negative Energieanhaftungen anzuziehen, einschränkt.

Meiner Erfahrung nach wehrt weißes Licht negative Energie jedoch nicht ab und wandelt sie auch nicht um. Daher wirst du, wenn seine Wirkung nachlässt und deine Schwingungsfrequenz oszilliert, anfällig für Energieanhaftungen, die zu deiner neuen niedrigeren Schwingung passen. Viele Menschen machen beim Abschirmen mit weißem Licht den Fehler, zu erwarten, dass es negative Energie abwehrt und umwandelt, anstatt zu begreifen, dass seine Schutzfähigkeiten begrenzt sind.

Weißes Licht ist dem Regenbogenlicht insofern ähnlich, als es aus allen Farben des Regenbogens besteht. Obwohl beide Prozesse stark verstärkende Eigenschaften haben und dir helfen, dich auf die Essenz deines inneren Wesens auszurichten, tun sie dies auf unterschiedliche Weise. Weißes Licht wendet eine einzelne Schwingungsfrequenz auf jedes einzelne Teilchen Bewusstsein in deinem Körper und deinem Wesen an, während Regenbogenlicht fokussiert wirkt, um eine einzigartige Schwingungsfrequenz auf jedes einzelne der sieben Chakras und auf jede Auraschicht anzuwenden. Aufgrund seines fokussierten Ansatzes halte ich die Abschirmung mit Regenbogenlicht für wirksamer als die mit weißem Licht, wenn es darum geht, unsere energetischen Abwehrkräfte zu stärken.

Hier die einzelnen Schritte, um deine Aura mit weißem Licht abzuschirmen:

1. Schließe die Augen und begib dich in einen meditativen Zustand.
2. Atme tief ein und aus und konzentriere dich auf dein Herzchakra in der Mitte der Brust. Dein Herzchakra ist das Tor zu deiner Seele und verbindet deinen physischen Körper mit deinem Geistkörper. In deinem Herzchakra ist ein winziges Kügelchen aus weißem Licht, das deine Seele und deine wahre Essenz repräsentiert.
3. Stell dir mit mit jedem Atemzug vor, wie der winzige Lichtpunkt größer wird, wie er sich durch deine Brust, deinen Körper und weiter nach außen ausdehnt, um deine Aura einzuhüllen. Während der Lichtpunkt immer größer wird, sättigt er jedes Teilchen Bewusstsein in deinem Körper mit Licht, stellt die Frequenz deines Körpers neu ein und erhöht sie.
4. Erkläre deine Absicht, dass das weiße Licht den ganzen Tag in dir und um dich herum bestehen bleiben soll oder so lange, wie du es brauchst, um deine Schwingung hochzuhalten, damit du nur liebe- und freudvolle Energie anziehst.
5. Wenn du das Gefühl hast, dass du fertig bist, beende die Meditation. Du fühlst dich wiederaufgerichtet und hochbeschwingt.

Kapitel 28

DER SPIEGELSCHILD

Spiegelschilde sind mächtige, undurchdringliche Abwehrschilde, mit denen du dich vor extrem negativen Menschen schützen kannst.

Der Prozess, in dem ein Spiegelschild geformt wird, beinhaltet das Visualisieren eines Spiegels zwischen dir und einer anderen Person oder das Visualisieren eines Kugelspiegels um deinen ganzen Körper, der ankommende toxische Energie abweist. Oft wird davon abgeraten, Spiegelschilde zu verwenden, weil sie die toxische Energie auf die Person zurückwerfen, die sie ausgesendet hat, und sie damit energetisch schädigen. Aus meiner Sicht leidet die Person, die diese toxische Energie aussendet, bereits darunter, sodass das Zurückwerfen nicht mehr Schaden anrichtet, als sie sich bereits selbst zugefügt hat.

Ich sehe oft Menschen, die Spiegelschilde täglich als Hauptschutzschild einsetzen. Die tägliche Verwendung eines solchen Schildes kann dich zwar völlig gegen ankommende Energieanhaftungen abschirmen, aber dir auch dabei im Weg stehen, authentisch und empathisch mit Menschen in Kontakt zu treten.

Weil Spiegelschilde reflektierend und abwehrend sind, kann ihr übermäßiger Einsatz deine Sicht auf andere Menschen und die Welt nachhaltig beeinflussen und dich übervorsichtig und distanziert machen.

Der tägliche Einsatz eines Spiegelschildes ist vergleichbar mit dem ständigen Tragen eines Regenmantels, nur für den Fall, dass man in den Regen geraten könnte. Es ist unnötig, einschränkend und unbequem. Besser wäre es, den Regenmantel nur dann zur Hand zu haben, wenn du ihn brauchst. Genauso willst du vielleicht einen Spiegelschild in deinem spirituellen Werkzeugkoffer haben und ihn nur in Situationen nutzen, in denen du einem energetischen Regenguss aus toxischen Menschen und Umständen ausgesetzt bist. Ich beispielsweise setze Spiegelschilde oft ein, wenn ich in eine negative oder konfrontative Interaktion mit jemandem verwickelt bin, wenn ich im Auto sitze und wütende Fahrer um mich herum bemerke oder wenn ich das Gefühl habe, dass mir jemand ganz bewusst negative Energie sendet.

Du kannst im Rahmen des folgenden Prozesses einen Spiegelschild formen, während du physisch mit jemandem zusammen bist, der dir negative Energie schickt, oder wenn du dich an deinem Meditationsort befindest und einen stetigen Energieangriff abwehren möchtest, der von einer bestimmten Person oder von einer Gruppe von Personen ausgeht, die nicht physisch anwesend sind.

Hier die einzelnen Schritte des Prozesses:

1. Scanne mit deinem inneren Auge kurz deine Energie sowie die Energie der anderen Person, um festzustellen, ob sie möglicherweise toxische Energie in deine Richtung sendet. Du nimmst diese wahrscheinlich als energetische Dolche wahr, die aus ihrer Aura herausschießen und auf dich gerichtet sind.
2. Je nachdem, wo die andere Person im Verhältnis zu dir positioniert ist, visualisierst du einen mächtigen ätherischen Spiegel zwischen ihr und dir, wobei die reflektierende Seite der anderen Person zugewandt ist. Achte dann darauf, wie der

Spiegel die toxische Energie zurück zu ihrem Ursprung reflektiert. Programmiere den Spiegel mental so, dass er sich um deine Aura herumbewegt, wenn du dich im Raum bewegst oder wenn sich die andere Person bewegt, um sicherzustellen, dass der Spiegel den eingehenden Angriff wirkungsvoll abwehrt. Wenn du von mehreren toxischen Menschen umgeben bist, kannst du dir einen Kugelspiegel vorstellen, der deine Aura umgibt und die ganze negative Energie nach außen und zurück zu ihrem Ursprung reflektiert.

3. Lass den Spiegelschild so lange an Ort und Stelle, wie du dich in der Gesellschaft der toxischen Personen oder in der entsprechenden Situation befindest, und nimm ihn sofort wieder ab, sobald du die Gesellschaft oder Situation verlassen hast.

Kapitel 29
ELEMENTARSCHILDE

Neben der Arbeit mit der reinigenden und abschirmenden Energie der Natur, in deren Verlauf wir uns mit Naturwesen wie Feen, Drachen, Sylphen und Meerjungfrauen verbinden, können wir auch mit der kollektiven Energie der Elemente arbeiten. Aufgrund ihrer dynamischen Eigenschaften können die Elemente dazu genutzt werden, um uns sowohl zu reinigen als auch vor toxischen Energieanhaftungen zu schützen. In diesem Kapitel konzentrieren wir uns auf die abschirmenden Eigenschaften der Elemente, aber du kannst die Prozesse gern anpassen und auch verwenden, um deine Energie zu klären.

Anders als die meisten statischen Schilde, wie Spiegelschild, Weiße Lichtblase und Schild aus Regenbogenlicht, ahmen Elementarschilde die Dynamik der Natur nach und sind daher ständig aktiv, in Bewegung und Veränderung. Dies trägt nicht nur zu ihren schützenden Eigenschaften bei, sondern bewahrt diese außerdem. Daher halten Elementarschilde tendenziell länger als andere Schilde. Ich habe einmal meine ganze Wohnung mit dem Element Erde abgeschirmt, indem ich mir vorstellte, wie sich mein Haus in einen Wald voller magischer Erdelementare wie Elfen, Gnome, Nymphen und Feen verwandelt. Ich habe diesen Schild aufgestellt und dann losgelassen und total vergessen. Ein paar Wochen später bemerkte ich, dass eine Topfpflanze, von der ich dachte, sie sei schon vor langer Zeit eingegangen, plötzlich wieder zum Leben erwachte. Als ich mich auf die Energie der Pflanze einstellte, stellte ich fest, dass der Erdschild, den ich aufgestellt hatte, immer noch in Aktion war und die Elementarwesen, die ich eingeladen hatte, sich um meine Pflanze gekümmert und sie wiederbelebt hatten!

In diesem Kapitel stelle ich die abschirmenden Eigenschaften der Elemente Erde, Luft, Feuer und Wasser vor und führe dich durch die Prozesse, mit denen du dich selbst (und, wenn du willst, auch dein Zuhause) abschirmen kannst.

Schilde von Mutter Erde

Es gibt viele Möglichkeiten, sich mit den Energien und Eigenschaften des Planeten Erde abzuschirmen, aber ich möchte hier meine fünf Lieblingsschilde, um maximalen Schutz zu gewährleisten, mit euch teilen: Bergschild, Waldschild, Windschild, Feuerschild und Wasserschild.

Bergschild

Das Erstellen eines Bergschildes beinhaltet genau das, was der Name vermuten lässt. Indem du an die kollektive Essenz der Erde appellierst und an den kollektiven Geist der Bergriesen (die Geister, das Bewusstsein und den Animismus der Berge), machst du dir deren uralte schützenden Eigenschaften zunutze. Berge stehen seit Tausenden von Jahren auf unserem Planeten und schützen Mensch und Tier gleichermaßen vor Eindringlingen und extremen Wetterbedingungen. Sie stehen trotz äußerer Widrigkeiten aufrecht und stolz und geben uns die Kraft, in unserem eigenen Leben dasselbe zu tun. Berge haben so viel durchgemacht. Sie haben viel gesehen und stehen immer noch da und erinnern uns daran, dass am Ende alles gut wird, egal was in der Welt und in unserem Leben vor sich geht.

Wenn wir unsere Aura mit einem Bergschild umhüllen, erinnern wir uns an unsere eigene Belastbarkeit und Beharrlichkeit, während wir gleichzeitig einen undurchdringlichen Schutzschild schaffen, der alle ankommenden negativen Energien abwehrt.

Hier die einzelnen Schritte zum Erstellen eines Bergschilds:

1. Schließe die Augen und begib dich in einen meditativen Zustand. Nimm wahr, während du lang und tief ein- und ausatmest, wie sich das Element Erde in deinem Körper manifestiert. Werde dir der Beschaffenheit, des Gewichts und der Präsenz deines Körpers in deiner aktuellen Umgebung bewusst.
2. Erhöhe deine Achtsamkeit, um wahrzunehmen, wie sich das Element Erde in der Welt um dich herum manifestiert. Achte auf den Staub oder die Erde unter deinen Füßen ebenso wie auf die Bäume, die Blumen und anderen Pflanzen, die aus ihr entstehen. Suche darüber hinaus nach dem Element Erde in allem um dich herum, dem Lebenden wie dem Unbelebten. Erkenne, dass das Erdelement die Quelle aller Körperlichkeit ist.
3. Fordere in Gedanken oder laut ausgesprochen die kollektive Energie der Erde und der Bergriesen auf zu erscheinen. Du könntest sagen: *Ich appelliere an die Überseele der Erde und die Bergriesen, sich zu zeigen.* Während du dies sagst, bemerkst du möglicherweise die Anwesenheit der Bergriesen um dich herum. Sie werden sich auf die Art und Weise zeigen, die für dich einen Sinn ergibt. Nimm dir etwas Zeit, um sie kennenzulernen, und bedanke dich dann im Voraus für die Abschirmung.

4. Um den Schild zu erstellen, visualisierst du deine Aura umgeben von einer hohen, dichten und undurchdringlichen Bergkette. Wohin du auch schaust, bist du von Bergen umgeben, die als deine ganz persönlichen energetischen Leibwächter fungieren und negative Energie alle Art ebenso abwehren wie negative Menschen, die dir begegnen. Bitte die Bergriesen, den Schild so lange aufrechtzuerhalten, wie du ihn brauchst, und bleibe so lange in dieser Position, wie du möchtest, um dich sicher und geschützt zu fühlen.
5. Wenn du so weit bist, bedankst du dich bei den Bergriesen und beendest die Meditation.

Waldschild

Anders als die abwehrenden Eigenschaften eines Bergschildes bringt ein Waldschild um dich oder dein Zuhause die erfrischenden, erhebenden und verstärkenden Eigenschaften des Waldes ins Spiel. Erinnerst du dich noch an das letzte Mal, als du draußen im Wald warst? Wie hast du dich gefühlt? Wenn ich in einen Wald gehe, habe ich das Gefühl, eine neue Welt zu betreten. Fern von der Hektik des Alltags werde ich Teil einer anderen Gesellschaft, nämlich der Natur und all ihrer Bewohner. Ich freunde mich mit den Bäumen an, gehe barfuß durchs nasse Gras, sammle Kräuter und Wildblumen, lausche dem sorglosen Gesang von Vögeln und anderen Lebewesen. Dann fühle ich mich schnell wieder auf Reihe, verbunden und weit über jedem Problem stehend, mit dem ich zu kämpfen hatte. Von all den verschiedenen Pflanzen und Geschöpfen, die sie umfasst, ist die kollektive Aura der Wälder so überwältigend liebevoll und freudvoll, dass sie meine Aura schnell und effektiv reinigt und ihr wieder Auftrieb gibt.

Indem du einen Waldschild erstellst, gestaltest du die erhebenden und stärkenden Eigenschaften der Wälder um dich herum neu und klärst und verstärkst dein Energiefeld damit. Das Besondere an Waldschilden, also das, wodurch sie sich von anderen Elementarschilden unterscheiden, ist, dass du mit ihnen nicht nur von den schützenden Eigenschaften bestimmter Elementarwesen profitierst, sondern von denen aller Elementarwesen in einem Wald. Das sind normalerweise Erdelementare wie Elfen, Gnome, Dryaden, Waldnymphen und Feen.

Hier die einzelnen Schritte zum Erstellen eines Waldschilds:

1. Schließe die Augen und begib dich in einen meditativen Zustand. Nimm wahr, während du lang und tief ein- und ausatmest, wie sich das Element Erde in deinem Körper manifestiert. Werde dir der Textur deines Körpers, seines Gewichts und der Art und Weise bewusst, wie er in dem Raum präsent ist, in dem du dich befindest.
2. Erhöhe deine Achtsamkeit, um wahrzunehmen, wie sich das Element Erde in der Welt um dich herum manifestiert. Nimm die Erde unter dir wahr und die Bäume, Blumen und anderen Pflanzen, die auf ihr wachsen. Beobachte darüber hinaus das Element Erde in allem physischen Leben um dich herum, einschließlich belebter und unbelebter Objekte. Erkenne, dass alles Körperliche eine Erweiterung des Erdelements ist.
3. Fordere in Gedanken oder laut ausgesprochen die kollektive Energie der Erde und der Erdelementare auf zu erscheinen. Du könntest sagen: *Ich appelliere an die Überseele der Erde und die Erdelementare, sich zu zeigen.* Visualisiere dabei einen dichten Wald mit allen Arten von Bäumen, anderen Pflanzen und Elementarwesen. Dies kann ein bestimmter Wald sein, zu dem du eine Verbindung hast, oder jeder beliebige andere Wald, der dir in den Sinn kommt.

4. Während du dies sagst, bemerkst du möglicherweise die Anwesenheit der verschiedenen Erdelementare um dich herum. Dies können unter anderem Elfen, Gnome, Dryaden, Waldnymphen und Feen sein. Sie werden sich auf die Art und Weise zeigen, die für dich einen Sinn ergibt. Nimm dir etwas Zeit, um sie kennenzulernen, und bedanke dich dann im Voraus für die Abschirmung.
5. Um den Schild zu bilden, stellst du dir vor, wie du in dem von dir gewählten Wald sitzt oder stehst. Spüre, wie die Bäume und anderen Pflanzen deine Aura neu justieren und wie die verschiedenen Erdelementare dein Energiefeld sowohl klären als auch verstärken. Wenn du das visualisierst, wirst du spüren, wie deine Schwingungsfrequenz ansteigt und du dich dadurch liebe- und freudvoller fühlst, was die dominante Schwingungsfrequenz des Waldes widerspiegelt. Erkläre deine Absicht, die Energie des Waldes so lange bei dir zu behalten, wie du sie brauchst.
6. Wenn du so weit bist, bedankst du dich bei dem Wald und seinen Elementarwesen und beendest die Meditation.

Windschild

Wind ist zwar nicht greifbar, trägt aber immense Energie in sich, die Welten erschaffen und zerstören kann. Er erodiert und formt das Land, treibt die Meeresströmungen an und reguliert die Erdatmosphäre durch Jetstreams, Tornados, Hurrikans und andere Windphänomene. Am intensivsten habe ich die Kraft des Windes erlebt, als ich 2014 mit dem Auto durch Island fuhr. Das komplexe Zusammenspiel zwischen dem Meer, den Gletschern und Vulkanen erzeugt Winde, die so kräftig sind, dass sie dich buchstäblich vom Kurs abbringen können. Während meines Aufenthaltes dort war der Wind oft so stark, dass ich mich ganz schön anstrengen musste, um das Auto auf der Straße zu halten.

Es ist diese wilde und dynamische Energie, die wir uns zunutze machen wollen, wenn wir einen schützenden Windschild erstellen. In Kapitel 16 hast du erfahren, wie du einen Sylphensturm erzeugen kannst, um Energieanhaftungen aus deinem Energiefeld zu entfernen. Du kannst denselben Prozess nutzen, um dich vor Energieangriffen zu schützen. Es hat alles mit Absicht und Programmierung zu tun. Da sich Wind jedoch in vielen Erscheinungsformen zeigen kann, kannst du je nach Bedarf Windschilde mit verschiedenen Schutzgraden erstellen. Auch wenn Wind Energie sowohl abwehren als auch umwandeln kann, ziehe ich persönlich es vor, ihn ausschließlich wegen seiner abwehrenden Eigenschaften zu verwenden und einen Feuerschild für die Umwandlung zu nutzen. Meiner Erfahrung nach bewegt Wind zwar Energie, wandelt sie aber nicht vollständig in etwas Positives um, sondern verdrängt sie eher. Auf der anderen Seite verbrennt Feuer Energie vollständig und erschafft sie neu.

Hier die einzelnen Schritte zum Erstellen eines Windschilds:

1. Schließe die Augen und begib dich in einen meditativen Zustand. Nimm wahr, während du lang und tief ein- und ausatmest, wie sich das Element Luft in deinem Körper manifestiert. Beobachte, wie sich deine Brust mit jedem Atemzug ausdehnt und zusammenzieht, während sie den lebenswichtigen Sauerstoff aus der Luft empfängt. Nimm wahr, wie viel friedvoller du bist, wenn du auf deine Atmung achtest.
2. Erhöhe deine Achtsamkeit und nimm wahr, wie sich das Element Luft in der Welt um dich herum manifestiert. Spüre, wenn du draußen bist, das sanfte Streicheln des Windes auf deinem Gesicht und sieh, wie er sanft durch die Blumen,

Bäume und anderen Pflanzen rauscht. Werde dir bewusst, wie die Atmosphäre den ganzen Planeten erfüllt und als Bindeglied zwischen allen planetaren Bewusstseinen fungiert.

3. Fordere in Gedanken oder laut ausgesprochen die kollektive Energie der Luft und der Luftsylphen auf zu erscheinen. Du könntest sagen: *Ich appelliere an die Überseele der Luft und an die Luftsylphen, mich zu durchströmen und meine Aura von allem abzuschirmen, was mir nicht mehr nützlich ist.* Während du das sagst, bemerkst du möglicherweise die Anwesenheit schlanker, fast formloser Luftsylphen, die spielerisch über deinem Kopf und um deinen Körper fliegen, oder sogar die Anwesenheit deines Sylphenfühers aus dem Element Luft. Nimm dir etwas Zeit, um die Sylphen kennenzulernen, und bedanke dich im Voraus für die Reinigung.
4. Bitte die Sylphen, im Uhrzeigersinn durch deine Aura und in ihrer Peripherie zu kreisen und einen mehr oder weniger starken Wirbelsturm zu erzeugen, je nachdem, welchen Schutz du brauchst. Spüre, wie der Wind an Fahrt gewinnt, und nutze den tatsächlichen Wind, der dich möglicherweise umweht, um deinen Schild zu stärken und zu ergänzen. Erkläre deine Absicht, den Windschild so lange bei dir zu behalten, wie du ihn brauchst, um alle ankommenden feindlichen Energien abzuwehren.
5. Nimm dir nach Abschluss des Prozesses etwas Zeit, um dich bei den Sylphen zu bedanken, und wenn du dazu bereit bist, beende die Meditation.

Feuerschild

Feuer erschafft und zerstört, was es zu einem mächtigen Schutzschild macht, der negative Energie in Liebe und Licht verwandelt. Feuer war eines der Urelemente bei der Erschaffung unseres Planeten und ist daher die Grundlage allen Lebens. Am Anfang war die Erde nichts anderes als eine Masse aus feurigem Gas, die sich allmählich zu dem Planeten entwickelte, den wir heute kennen.

Bis zum heutigen Tag können wir das Feuer in seiner ursprünglichsten Form sehen, wenn wir uns die Plattentektonik anschauen. Wenn eine tektonische Platte in einem Teil der Welt in das Magma eintaucht, führt der nachfolgende Druck zu einem Vulkanausbruch in einem anderen Teil der Welt, wodurch neues Land entsteht. Derselbe zyklische Prozess der Zerstörung und Schöpfung wird in den verschiedenen Ausdrucksformen des Feuers nachgeahmt, auch in unserem eigenen Körper. Beispielsweise baut unser Verdauungssystem die Nahrung in unserem Magen ab, nur um sie in Energie umzuwandeln, die wir dann verwenden, um einen weiteren Kreislauf der Zerstörung und Neuschöpfung in Gang zu setzen.

Wir können die gegensätzlichen Eigenschaften des Feuers nutzen, um uns sowohl zu reinigen als auch abzuschirmen. In Kapitel 21 hast du erfahren, wie du deinen Körper und deine Energie reinigen und neu justieren kannst, indem du mit dem ätherischen Feuer der Drachen arbeitest. In diesem Abschnitt wirst du erfahren, wie du einen Feuerschild um deine Aura legst, um ankommende negative Energie umzuwandeln.

In der Regel setze ich diesen Schild ein, wenn ich weiß, dass ich mit einer Gruppe toxischer Menschen zusammen bin oder einen besonders überwältigenden oder negativen Ort betrete, etwa wenn ich zu einer Beerdigung gehe und Krankenhäuser oder Friedhöfe besuche. Ich nutze ihn auch gern, wenn ich von einer großen Menschenmenge umgeben bin, etwa in Einkaufszentren, Kinos oder Konzerthallen, denn er schützt mich davor, mich von der mich umgebenden Energie überwältigt zu fühlen. Der Feuerschild sorgt dafür, dass jede ankommende negative

Energie sofort in Liebe und Licht umgewandelt wird. Ich bin also, solange ich ihn trage, immun gegen externe Negativität. Abgesehen davon, dass ich mich mit Feuer abschirme, bitte ich die Feuerdrachen auch, jeden Ort, den ich betrete, im Voraus mit ihrem ätherischen Feuer zu reinigen, um die Schwingung an diesem Ort für andere und mich selbst zu erhöhen.

Hier die einzelnen Schritte zum Erstellen eines Feuerschilds:

1. Schließe die Augen und begib dich in einen meditativen Zustand. Nimm wahr, während du lang und tief ein- und ausatmest, wie sich das Element Feuer in deinem Körper manifestiert. Spüre die Hitze deines Atems, wenn er deine Lungen füllt, und die Wärme des Blutes, das durch deinen Körper fließt.
2. Mache dir bewusst, wie sich das Element Feuer in deiner Umgebung und in der Natur manifestiert. Beachte, wie Feuer in deinen Elektrogeräten, in Kerzen, in Lagerfeuern und der Wärme der Sonne erscheint. Visualisiere Feuer, das im Erdkern brennt, im Magma unter seiner Oberfläche und in der Lava, die aus Vulkanen auf der ganzen Welt strömt.
3. Rufe in Gedanken oder laut ausgesprochen die kollektive Energie des Feuers und der Feuerdrachen an. Du könntest sagen: *Ich appelliere an die kollektive Überseele des Feuers und an die Feuerdrachen, zu mir zu kommen, um meine Aura abzuschirmen und ankommende negative Energie umzuwandeln.*
4. Während du dies sagst, bemerkst du vielleicht die Anwesenheit von Feuerdrachen, die über deinem Kopf fliegen, oder sogar die Anwesenheit deines Drachenführers aus dem Feuerelement, der sich um deinen Körper windet. Nimm dir etwas Zeit, um die Drachen kennenzulernen, und bedanke dich im Voraus für die Abschirmung.
5. Bitte die Drachen, ihr göttliches Feuer um die Peripherie deiner Aura zu blasen und so einen undurchdringlichen Schild

zu schaffen, der eingehende Energie umwandelt, dein Licht schützt und deine Schwingung hochhält.

6. Nimm dir nach Abschluss des Prozesses etwas Zeit, um dich bei den Drachen zu bedanken, und wenn du dich dazu bereit fühlst, beende die Meditation.

Wasserschild

Die Energie des Wassers ist flüssig, dicht und alles durchdringend. Wenn du dich damit abschirmst, durchdringt die Energie jedes Molekül deines Energiefelds und lässt keinen Raum für ankommende toxische Energieanhaftungen. Genau wie Feuer bringt Wasser Energie hervor und zerstört sie und kann daher Energieangriffe in positive Energie umwandeln. Denke daran, wie die Wellen des Ozeans die Küste auswaschen und durch ihr unermüdliches Heranwogen und Zurückziehen Strände bilden, wie die Gezeiten die Küstenlinie ständig neu formen oder wie Regenfälle sowohl dem Meer Land abgewinnen als auch Erdrutsche verursachen können, die einen Teil davon zerstören.

Was Wasser von Feuer unterscheidet, ist die *Art und Weise*, wie es Energie umwandelt. Feuer ist männlich. Es verbraucht negative Energie, verbrennt sie zu psychischem Staub, bis sie sich in etwas Positives verwandelt, genau wie der Phönix, der aus der Asche aufsteigt. Wasser hingegen ist weiblich. Es neutralisiert die negative Energie, anstatt sie zu zerstören, und erlaubt ihr, sich alchemistisch in etwas Positives zu verwandeln.

Daher eignen sich Wasserschilde hervorragend, wenn du psychische Angriffe erlebst, etwa wenn du mit jemandem interagierst, der wütend oder eifersüchtig auf dich ist, wenn du gemobbt und angegriffen wirst. Die beruhigende, neutralisierende Energie des Wassers wird diese wütenden, feurigen Emotionen ertränken und in Liebe verwandeln. Sie wird dich sicher in einer schützenden Blase der Ruhe und des Friedens halten, wie die Oberfläche eines stillen Sees.

Hier die einzelnen Schritte zum Erstellen eines Wasserschilds:

1. Schließe die Augen und begib dich in einen meditativen Zustand. Nimm wahr, während du lang und tief ein- und ausatmest, wie sich das Element Wasser in deinem Körper manifestiert. Schlucke ein paarmal und nimm das Wasser in deinem Speichel wahr. Spüre, wie das Blut durch deine Adern fließt und dich am Leben und vital hält. Bekomme ein Gefühl für deine Körperflüssigkeiten, die deinen Körper flexibel und beweglich halten.
2. Erhöhe deine Achtsamkeit, um zu sehen, wie sich das Element Wasser um dich herum und in der Natur manifestiert. Achte auf das Wasser in der Luft, die du atmest, auf das Vorhandensein und die Zugänglichkeit von Wasser in den entsprechenden Vorrichtungen in deinem Haus. Dehne deine Visualisierung weiter aus und beobachte das Wasser in den Wolken, im Regen, in den verschiedenen Bächen, Flüssen und Seen unseres Planeten sowie das Wasser, das im Eis gespeichert ist und in den Ozeanen, die das Land formen.
3. Rufe in Gedanken oder laut ausgesprochen die kollektive Energie des Wassers und der Wassernixen an. Du könntest sagen: *Ich appelliere an die kollektive Überseele des Wassers und an die Wassernixen, zu mir zu kommen, um meine Aura abzuschirmen und ankommende negative Energie umzuwandeln.*
4. Während du dies sagst, bemerkst du möglicherweise die Anwesenheit von Wassernixen, die um dich herumschwimmen, oder sogar die Anwesenheit deines Meerjungfrauenführers aus dem Element Wasser, das sich seitwärts auf deine Füße zubewegt. Nimm dir etwas Zeit, um die Nixen kennenzulernen, und bedanke dich im Voraus für die Abschirmung.

5. Bitte die Meerjungfrauen, die kraftvolle, justierende Energie des Wassers durch deinen Körper und rund um deine Aura zu leiten, und zwar sowohl im Uhrzeigersinn als auch gegen den Uhrzeigersinn, wodurch ein dichter Energieschild entsteht, der ankommende Energieangriffe in die rein positive Energie der Liebe verwandelt.
6. Nimm dir nach Abschluss des Prozesses etwas Zeit, um dich bei den Meerjungfrauen zu bedanken, und wenn du dich dazu bereit fühlst, beende die Meditation.

Kapitel 30

KRISTALLSCHILDE

Meine Liebe zu Kristallen begann, als ich siebzehn Jahre alt war. Mein bester Freund und ich hatten uns gerade auf unsere spirituelle Reise begeben. Und jedes Wochenende trafen wir uns und hingen im örtlichen Laden für Mineralien und Edelsteine ab. Schon damals in diesem jungen Alter war ich fasziniert von den heilenden und schützenden Eigenschaften der Erde und verbrachte Stunden damit, mir die verschiedenen Kristalle anzuschauen, die kleinen Informationsblätter über ihre Eigenschaften zu lesen und mir Möglichkeiten auszudenken, wie ich sie wohl in meinem Leben einsetzen könnte.

Ich erinnere mich, dass ich Rosenquarzkristalle benutzte, um die Feng-Shui-Ecke für Liebe und Beziehungen in meinem Zimmer zu aktivieren, und kurz darauf erfolgreich einen Freund manifestierte. In einem Buch hatte ich auch gelesen, dass Lapislazuli ein großartiger Kristall für Gedächtnis und Leistungsstärke sei. Also hatte ich bei Tests und Prüfungen in der Schule immer einen Lapislazuli dabei. Kristalle waren schnell zu meinen besten Freunden geworden, und je nach Situation, in der ich mich befand, hatte ich immer einen anderen bei mir. Und ich gab Freunden und meiner Familie bereitwillig einschlägige Tipps (sogar meinem misstrauischen Geschichtslehrer, der dachte, ich hätte versucht, in einem Test zu schummeln, und einen Spickzettel unter meinem Lapislazuli versteckt!).

Im Laufe der Zeit, in der ich über verschiedene Kristalle las, sie näher untersuchte und mit ihnen arbeitete, war ich nicht nur erstaunt über ihre vielen nützlichen Eigenschaften, sondern auch über die Vielfalt der Möglichkeiten, die wir haben, sie einzusetzen. Abgesehen davon, dass sie uns bei verschiedenen Aktivitäten unterstützen können, wie sie mich in den Anfangsjahren meiner Arbeit mit ihnen unterstützt haben, können wir sie verwenden, um Kristallelixiere und Kristallnebel herzustellen, um energetische Gitter für Manifestations- und Schutzzwecke aufzubauen, als Erdmedizin, um geopathischen Stress in toxischen Gebieten zu heilen, und um energetische Schutzschilde um uns selbst herum, um andere herum und um physische Räume herum zu erstellen.

Meine bevorzugte Art, zum Energieschutz mit Kristallen zu arbeiten, ist letztere, und das ist der Prozess, durch den ich dich in diesem Kapitel führen werde.

Kristalle für den Energieschutz

Kristalle werden schon seit Tausenden von Jahren zum Energieschutz verwendet. In ihrem Buch *Crystals for Energy Protection* schreibt Judy Hall:

Es wurden über 5.000 Jahre alte Rezepte für den Kristallschutz gefunden, und dieselben Kristalle werden noch heute verwendet. Heliotrop, Hämatit und Karneol beispielsweise wurden in Mesopotamien und Ägypten um die Handgelenke von Neugeborenen gelegt, um ein langes, erfolgreiches und sicheres Leben zu gewährleisten. Dieselbe Kombination ist auch heute noch wirksam. In der Jungsteinzeit waren Steine buchstäblich die moderne Technologie der damaligen Zeit. Es gibt Belege aus über 40.000 Jahre alten Gräbern, dass Kristalle verwendet wurden, um die Toten auf ihrer Reise in die nächste Welt zu schützen, und wir können annehmen, dass sie auch verwendet wurden, um die Lebenden zu schützen.[3]

Wenn du darüber liest, wie beliebt und weitverbreitet Kristalle durch die Zeitalter waren, fragst du dich vielleicht, was sie so nützlich macht – nicht nur für den Energieschutz, sondern auch für andere Zwecke.

Obwohl die Wissenschaft die Heilkraft von Kristallen noch nicht abschließend geklärt hat, deuten eindeutige Beweise auf ihre heilenden Eigenschaften hin. Vor allem Quarzkristalle sind dafür bekannt, dass sie *Piezoelektrizität* erzeugen. Wenn sie unter Druck stehen, setzen sie eine sanfte elektrische Ladung frei, die stabil, präzise und beständig ist. Daher werden sie häufig in Uhren, Computern und anderen technischen Geräten verwendet. Diese stabilen elektrischen Ströme interagieren auch mit dem instabilen, sich ständig verändernden Zustand des menschlichen Körpers und ermöglichen es uns, uns mit ihrer Schwingung zu synchronisieren. Dies ist als *Entrainment* bekannt – ein Prozess, in dessen Verlauf sich eine Person mit einem äußeren Einfluss synchronisiert, der auf die Art und Weise einwirkt, wie die Person denkt, fühlt und sich verhält.

Die Macht, die Farben haben, wenn es darum geht, uns sowohl körperlich als auch emotional zu beeinflussen, ist bereits wissenschaftlich bewiesen. Wir können die leuchtenden Farben von Kristallen also nutzen, um mit Farbenergie zu arbeiten und unsere Stimmung zu verändern. Denke mal darüber nach, wie ruhig du normalerweise bist, wenn du draußen im Wald oder am Meer von sanften Grün- und Blautönen umgeben bist, und vergleiche dies mit den energetisierenden Eigenschaften von Rot- und Orangetönen. Wenn es speziell um Energieschutz geht: Dunkle Farben oder Schwarztöne, wie sie im Turmalin und im Rauchquarz zu finden sind, haben ein Kristallgitter, das Energie einfängt. Daher eignen sie sich hervorragend, um negative Energie zu absorbieren.

Obwohl die Wissenschaft das gesamte Spektrum heilender Eigenschaften von Kristallen bis jetzt noch nicht abschließend geklärt hat, deuten die Geschichte, die Erfahrung und die metaphysische Forschung darauf hin, dass Kristalle mächtige Heil- und Schutzwerkzeuge sind. Es gibt über fünftausend identifizierte Kristalle auf dem Planeten Erde, von denen jeder seine eigenen einzigartigen Eigenschaften besitzt. Wenn wir sie achtsam und mit entsprechender Absicht einsetzen, können wir mit den Schwingungsqualitäten der Kristalle zusammenarbeiten, um in unserem Leben Heilung und Transformation zu bewirken.

Was sind Kristallschilde?

Unter einem *Kristallschild* versteht man, wenn du mit einem bestimmten Kristall oder einer Gruppe von Kristallen arbeitest, um einen Schild um deine Aura zu schaffen, der dich vor negativen Energieanhaftungen schützt. Da es viele verschiedene Arten von Kristallen gibt, jede mit ihren eigenen einzigartigen Qualitäten, können Kristallschilde verstärken, abwehren oder umwandeln. Manche Kristalle wie Rosenquarz, Zölestin und Karneol können helfen, deine energetischen Abwehrkräfte zu stärken und deine Schwingung zu erhöhen. Andere können Energie absorbieren oder abstoßen, wie schwarzer Turmalin, Hämatit und Obsidian. Wieder andere können Energie umwandeln, wie Schungit, Labradorit und Rauchquarz.

Eine große Bandbreite an Kristallen, etwa Quarz, Bernstein und Orgonit, hilft auch, deine Energie zu klären. Du kannst diese Kristalle verwenden, um reinigende Kristallsprays und Elixiere herzustellen, wie in Kapitel 22 beschrieben.

Anstatt einer Riesenliste mit Kristallen für jede Kategorie werde ich dir eine kurze Liste ausgewählter Kristalle an die Hand geben, die ich selbst für verschiedene Zwecke verwende. Wie bei ätherischen Ölen ist es wichtig, dass du alles selber austestest und bei der Auswahl der Kristalle, mit denen du arbeiten möchtest, deiner Intuition vertraust. Kristalle haben zwar bestimmte bekannte Eigenschaften, die du in Kristallbüchern und anderen Quellen nachschlagen kannst, wirken aber dennoch bei verschiedenen Menschen auf unterschiedliche Weise. Ein Kristall, der für mich auf eine bestimmte Weise funktioniert, wirkt bei dir möglicherweise ganz anders.

Aus energetischer Sicht können Kristalle Energie fokussieren, speichern, abwehren, übertragen oder umwandeln, und jeder Kristall hat eine oder mehrere dieser Eigenschaften. Wenn es um die Energieabschirmung geht, interessieren wir uns mehr für die übermittelnden, speichernden/abwehrenden und transmutierenden oder umwandelnden Eigenschaften von Kristallen. Sie entsprechen den drei Arten von Schilden, die in Kapitel 25 vorgestellt wurden: verstärkende, abwehrende und transmutierende.

Hier meine Liste von Kristallen, die mit den drei Arten von Schilden in Verbindung stehen:

Verstärkende Kristalle

- **Zölestin:** Hilft dir, deine Schwingung zu erhöhen, indem er dich mit den Engeln und den höheren Welten verbindet.
- **Rosenquarz:** Öffnet dein Herzchakra, damit bedingungslose Liebe aus der Quelle dein ganzes Wesen durchdringen kann.

- **Karneol:** Heilt und justiert deinen Körper und stärkt dein Immunsystem.
- **Citrin:** Hilft dir, dein Selbstvertrauen und deine Willenskraft anzuerkennen und zum Ausdruck zu bringen.
- **Selenit:** Verwendet kristallisiertes göttliches Licht, um Wunden und Löcher in deiner Aura und deinem Energiefeld zu schließen.

Abwehrende/absorbierende Kristalle

- **Schwarzer Turmalin:** Wehrt eingehende Energieangriffe ab und absorbiert negative Energie aus der Umgebung.
- **Aventurin:** Schützt und bewahrt deine Lebensenergie, wenn du es mit Energievampiren zu tun hast.
- **Hämatit:** Erzeugt einen undurchdringlichen Schild, der verhindert, dass negative Energien in dein Energiefeld eindringen. Er richtet auch deine Überzeugungen rund um Grenzen neu aus, sodass du Entscheidungen triffst, die deine energetische Authentizität wahren.
- **Schwarzer Obsidian:** Absorbiert negative Energie und hält sie in seinem Kristallgitter fest. Muss häufig gereinigt werden.

Transmutierende Kristalle

- **Schungit:** Stärkt dein Energie-Immunsystem und wirft einen schützenden Lichtschild um deine Aura, der ankommende toxische Energie klärt und reinigt.
- **Rauchquarz:** Filtert negative Energie aus der Umgebung, um sicherzustellen, dass das, was durchkommt, klar und rein ist.
- **Labradorit:** Erzeugt einen subtilen Transmutationsschild, der es dir ermöglicht, ankommende toxische Energie anderer Menschen zu filtern, während du immer noch in der Lage

bist, Verbindungen einzugehen und empathisch zu kommunizieren.

- **Lapislazuli:** Beseitigt bewusste oder unbewusste übersinnliche Angriffe aus deinem Energiefeld und kehrt sie um, während er sich um die energetischen Wunden kümmert, die durch die Angriffe entstanden sind.

Wie man einen Kristallschild erstellt

Hier die einzelnen Schritte zum Erstellen eines Kristallschilds:

1. Entscheide dich für einen Kristall oder eine Auswahl an Kristallen. Wenn du gerade erst anfängst, mit Kristallen zu arbeiten, wählst du am besten einen einzelnen Kristall, der die schützenden Eigenschaften besitzt, die du zu diesem Zeitpunkt brauchst.
2. Reinige deine Kristalle, indem du entweder kaltes Wasser darüberlaufen lässt (stelle sicher, dass die Kristalle nicht wasserlöslich sind), sie einer energetischen Reinigung durch Räucherung unterziehst oder sie 24 Stunden lang in trockenen Reis legst (iss den Reis anschließend nicht, weil er die negative Energie enthält, die er von den Kristallen absorbiert hat).
3. Lade deine Kristalle mit Energie auf, indem du sie entweder mindestens drei Stunden lang in die Sonne legst oder ihnen Regenbogenlicht schickst, wie in Kapitel 22 beschrieben.
4. Wenn deine Kristalle gereinigt und energetisiert sind, kannst du sie für die Abschirmung programmieren. Halte deinen ausgewählten Kristall an dein Herz, schließe die Augen und begib dich in einen meditativen Zustand. Fordere die kollektive Essenz des Kristalls auf zu erscheinen. Visualisiere dazu die Gesteinsmassen unter der Erdkruste, aus denen dein ge-

wählter Kristall stammt, und spüre, wie deren kollektive Essenz den Kristall in deiner Hand aktiviert. Sobald du Kontakt mit der kollektiven Essenz des Kristalls aufgenommen hast, sagst du so etwas wie: *Ich appelliere an die kollektive Präsenz von (Name des Kristalls), durch diesen Kristall zu fließen und einen Schutzschild um meine Energie zu legen. Danke, dass du mir so lange Sicherheit und Schutz gibst, wie ich es brauche.*

5. Visualisiere die Energie des Kristalls, die aus deiner Hand nach außen strahlt, um deinen Körper und deine Aura mit ihren schützenden Eigenschaften zu durchdringen. Je nachdem, wie sich deine Intuition ausdrückt, siehst du eine bestimmte Farbe, hast ein bestimmtes Gefühl, hörst irgendein Geräusch oder weißt einfach, dass der Kristallschild an Ort und Stelle ist.
6. Wenn du dich von diesem schützenden Kokon aus Kristalllicht umgeben fühlst, bedanke dich bei dem Kristall für seine Hilfe und beende die Meditation. Du kannst den Kristall entweder den ganzen Tag bei dir tragen, um den Schild aufrechtzuerhalten, oder ihn auf deinen Altar legen und dir dabei sicher sein, dass der Geist des Kristalls bei dir bleibt und dich abschirmt und beschützt.

Kapitel 31

ABSCHIRMEN MIT ÄTHERISCHEN ÖLEN

Ätherische Öle werden aus diversen Pflanzenteilen gewonnen, darunter Blätter, Samen, Wurzeln, Blüten, Stängel, Rhizome, Beeren, Nadeln, Borke, Holz und Rinde, und zwar durch Wasserdampfdestillation, Extraktion oder Auspressen. Ätherische Öle sind 75 bis 100 Prozent konzentrierter als die Pflanze, von der sie stammen, was sie hochwirksam für die körperliche, emotionale, mentale und spirituelle Heilung macht.

Ätherische Öle werden seit Jahrtausenden in Medikamenten, in Parfums und Kosmetika sowie für kulinarische Zwecke verwendet. In den letzten Jahren wurden die therapeutischen Eigenschaften von ätherischen Ölen in der Aromatherapie untersucht und immer mehr wissenschaftliche Studien bestätigten ihre Wirksamkeit.

Traditionell werden ätherische Öle zur Linderung zahlreicher Symptome inhaliert oder auf die Haut aufgetragen. Spirituell und zum Energieschutz können wir die schützenden Eigenschaften des kollektiven Geistes oder der Überseele der jeweiligen Pflanze nutzen, von der das Öl stammt, um Schutzschilde zu erstellen. Ähnlich wie bei Kristallen hängen die Schutzkraft und weitere Eigenschaften ätherischer Öle von den Pflanzen ab, aus denen sie gewonnen werden. Du kannst also ätherische Öle verwenden, um verschiedenartigste Schilde zu erstellen, einschließlich solcher, die verstärken, abwehren und umwandeln.

Mit Pflanzengeistern arbeiten

Ätherische Öle zum Energieschutz einzusetzen macht es dir möglich, auf greifbare und multisensorische Weise mit Pflanzengeistern und Elementarwesen zu arbeiten, was die schützende Wirkung des Abschirmungsprozesses verstärken kann. Wenn du mit ätherischen Ölen arbeitest, kommst du in direkten Kontakt mit den physikalischen, aromatischen, chemischen und spirituellen Bestandteilen einer Pflanze. Wie in früheren Kapiteln erwähnt, ist der physische Aspekt der Natur zwar nicht notwendig, um ihre schützenden Eigenschaften zu nutzen, aber wir nehmen ihn von unserem menschlichen Standpunkt aus wahr, was die schützende Erfahrung verstärkt.

Jeder Baum, jede Blume und jede andere Pflanze trägt einzigartige heilende und schützende Eigenschaften in sich und über ihr ätherisches Öl können wir auf diese Eigenschaften zugreifen. Schon der Begriff *ätherisches* oder *essenzielles* Öl deutet darauf hin, dass das Öl die eigentliche Essenz der Pflanze enthält. Du bekommst also nicht nur Zugang zu den chemischen Komponenten der spezifischen Pflanze, aus der das Öl hergestellt wird, sondern auch zum kollektiven Geist der gesamten Pflanzenart. Wenn du also ätherische Öle zur Energieabschirmung verwendest, nutzt du die schützenden Eigenschaften des gesamten kollektiven Pflanzenbewusstseins.

Ätherische Öle für den Energieschutz

Wie bei Kristallen ist es auch hier wichtig, dass du alles selbst austestest und deiner Intuition vertraust, wenn es um die Auswahl ätherischer Öle für den Energieschutz geht. Wir alle reagieren anders auf unterschiedliche ätherische Öle und bei den verschiedenen Arten von Energieanhaftungen ist es genauso. Die folgende Liste enthält ätherische Öle, die traditionell mit Energieschutz in Verbindung gebracht werden, sowie solche, die ich persönlich verwende, um verschiedene Schutzschilde zu fertigen.

- **Verstärkende Abschirmöle:** Rose, Rosengeranie, Zitronenverbene, Ylang Ylang, Myrte, Bergamotte, Süßorange, Jasmin, Kamille
- **Abwehrende Abschirmöle:** Zedernholz, Thymian, Rosmarin, Kiefernnadel, Salbei, schwarzer Pfeffer
- **Transmutierende Abschirmöle:** Lavendel, Neroli, Weihrauch, Eukalyptus, Pfefferminze

Neben Ölen aus einer einzigen Pflanze kannst du auch eine Mischung aus ätherischen Ölen verwenden. Die Mischung kannst du selbst zusammenstellen oder von einem renommierten Markenhersteller ätherischer Öle fertig kaufen. Viele ätherische Ölmischungen werden ausschließlich zum Energieschutz hergestellt und von verschiedenen Firmen angeboten.

Ätherische Ölmischungen sind ideal, wenn du die heilenden und schützenden Eigenschaften mehrerer Pflanzen nutzen möchtest, etwa wenn du die verstärkenden Eigenschaften eines Öls und die abwehrenden eines anderen brauchst. Wenn du die Kombination ätherischer Öle findest, die für dich am besten geeignet ist, kannst du genau diese Mischung für deine tägliche Abschirmung verwenden.

Sicherer Umgang mit ätherischen Ölen

Bevor du in den folgenden Prozess einsteigst, solltest du unbedingt diese Sicherheitsmaßnahmen beachten:

- Aufgrund ihrer hohen Konzentration können ätherische Öle die Haut reizen oder verbrennen, wenn sie unverdünnt aufgetragen werden. Bis auf einige Öle, die unverdünnt auf die Haut aufgetragen werden können, müssen die meisten ätherischen Öle mit einem Basisöl wie Mandel- oder Kokosöl verdünnt werden. Ein oder zwei Tropfen ätherisches Öl in einer 15-ml-Flasche sind für den Anfang eine sichere Verdünnung. Mache aber immer einen Patch-Test, indem du eine kleine Menge ätherisches Öl auf die Haut aufträgst, bevor du im folgenden Prozess mit ätherischen Ölen arbeitest.
- Zitrusöle wie Bergamotte, Limette, Zitrone und Grapefruit sind phototoxisch. Das bedeutet, dass sie die Haut reizen können, wenn du sie aufträgst und dich dann der Sonne aussetzt. Verwende diese Öle am besten nicht, wenn du vorhast, in die Sonne zu gehen, und vergiss nicht, deine Hände nach der Anwendung gründlich zu waschen.
- Informiere dich immer über die Sicherheitsanforderungen des ätherischen Öls, mit dem du arbeiten willst, indem du Bücher seriöser Verlage über ätherische Öle und entsprechende Onlinequellen zurate ziehst. Recherchiere online nach der Einzeldarstellung des ätherischen Öls, um genaue wissenschaftliche Informationen zu erhalten.

Wie man einen Schild aus ätherischen Ölen erstellt

Hier die einzelnen Schritte zur Abschirmung mit ätherischen Ölen:

1. Nachdem du dich für ein verdünntes ätherisches Öl entschieden hast, hältst du die Flasche vor deine Brust und rufst den kollektiven Geist oder die Überseele deiner ausgewählten Pflanze an. Du kannst so etwas sagen wie: *Ich fordere die kollektive Essenz von (Name der Pflanze) auf, durch diese Mischung zu fließen und sie mit ihren schützenden Eigenschaften zu stärken.* Während du das sagst, stellst du dir ganze Felder deiner auserwählten Pflanze in ihrem natürlichen Lebensraum vor. Vielleicht siehst du, wie sich der Geist der Pflanze als Gottheit zeigt, oder spürst einfach seine Anwesenheit.
2. An diesem Punkt ist das Bewusstsein der gesamten Pflanzenart bei dir und bereit, dich zu beschützen. Gib drei Tropfen des Öls auf deine Handflächen, erweise deine Ehrerbietung und reibe die Tropfen aneinander. Lege deine Hände in die Gebetsposition, hebe sie vor dein Gesicht und atme dreimal ein, wobei du die Essenz des Öls in dich aufnimmst. Dadurch profitierst du von den aromatischen Eigenschaften des Öls und schließt zudem die schützende Essenz seines Geistes mit ein.
3. Drehe deine Hände mit den Handflächen nach außen und bewege sie wellenartig um deinen Körper und deine Aura. Stelle dir dabei vor, wie das schützende Licht von deinen Handflächen ausgeht und eine Lichtblase um deine Aura bildet. Je nach den schützenden Eigenschaften deiner gewählten Pflanze kann dein Schild deine bestehenden Abwehrkräfte verstärken oder eine abweisende beziehungsweise transmutierende Auraschicht hervorbringen.

4. Nachdem du dich mit dem Öl abgeschirmt hast, nimmst du dir ein oder zwei Minuten Zeit, um dich gedanklich in der Sicherheit des Pflanzengeistes zu sonnen. Dann bittest du ihn, bei dir zu bleiben und dich den ganzen Tag zu beschützen oder so lange, wie du es brauchst.

Kapitel 32

FEUERATEM

Feueratem ist eine Meditation, bei der schnell geatmet wird. Sie kann dir dabei helfen, deine natürlichen Aura-Abwehrkräfte zu stärken. Das ist eine großartige Sache, wenn du nicht gerade von viel Negativität umgeben bist und nur einen grundlegenden Prozess brauchst, der deine natürliche Aura-Abwehr stärkt und deine Schwingung hochhält. Feueratem, auch bekannt als *Agni Pran*, ist eine der grundlegenden Atemtechniken im Kundalini-Yoga.

Ich habe diese Technik zum ersten Mal während einer Kundalini-Yoga-Übung zur Ego-Löschung erlebt und war sofort begeistert. Am Ende der dreiminütigen Meditation vibrierte mein ganzer Körper, meine Aura hatte sich ausgedehnt und pulsierte und ich fühlte mich so voller Energie wie nach einer einstündigen Meditation. Seitdem habe ich Menschen in meinen Workshops und Einzelsitzungen dazu angeleitet, diesen Prozess als schnelle Möglichkeit zu nutzen, um sowohl ihre Energie neu zu justieren als auch ihre Aura-Abwehr zu stärken.

Feueratem ist im Wesentlichen ein schnelles, rhythmisches, kontinuierliches Atmen durch die Nase mit geschlossenem Mund. Du atmest genauso lange ein wie aus, ohne Pausen zwischen Einatmen und Ausatmen. Die Atmung wird vom Zwerchfell und vom Solarplexus angetrieben, sodass sich die oberen

Bauchmuskeln beim Einatmen ausdehnen und beim Ausatmen zusammenziehen.

Dem Schöpfer des Kundalini-Yoga, Yogi Bhajan, zufolge hat der Feueratem viele gesundheitliche Vorteile, einschließlich der Stärkung unseres energetischen Schutzes.

In *The Aquarian Teacher* zählt der Autor Yogi Bhajan die folgenden speziellen Vorteile des Feueratems auf:

- Löst Giftstoffe und Ablagerungen aus der Lunge, den Schleimhäuten, den Blutgefäßen und anderen Zellen.
- Stärkt das Nervensystem, um es widerstandsfähig gegen Stress zu machen.
- Stellt das Gleichgewicht zwischen sympathischem und parasympathischem Nervensystem her.
- Passt das subtile psycho-elektromagnetische Feld der Aura so an, dass das Blut energetisiert wird.
- Stärkt das Immunsystem und kann vielen Krankheiten vorbeugen.
- Fördert die Synchronisation der Biorhythmen der Körpersysteme.[4]

Da unser physisches und unser energetisches Immunsystem verbunden sind, stärken wir, indem wir das eine stärken, automatisch auch das andere.

Kontraindikationen

Während Feueratem für die meisten Menschen ein sicheres Verfahren ist, kann er für Menschen mit Herzproblemen, Bluthochdruck, Wirbelsäulenerkrankungen, Atemproblemen und Schwindel Risiken bergen und sollte vermieden werden. Dies gilt auch, wenn du schwanger bist oder deine Menstruation hast.

Führe die folgenden Schritte aus, um deine Aura-Abwehr mithilfe des Feueratems zu verstärken:

1. Setze dich aufrecht hin, schließe die Augen und atme ein paarmal tief durch, um deine Energie zu zentrieren.
2. Konzentriere dich auf dein Solarplexuschakra, stelle einen Timer auf ein bis drei Minuten und beginne mit dem Feueratmen nach der obigen Beschreibung. (Du könntest dir vielleicht auch online ein Video anschauen, um sicherzustellen, dass du es richtig machst.)
3. Bleibe, während du atmest, mit deiner Aufmerksamkeit bei deinem Solarplexuschakra und beobachte, wie sich die Schwingung deines Körpers und deiner Aura auf natürliche Weise verändern. Es ist nicht nötig, bewusst etwas zu visualisieren. Halte einfach deinen Geist ruhig und konzentriert und lass den Prozess ablaufen.
4. Wenn du so weit bist, bleibst du noch ein paar Minuten in einer meditativen Haltung, atmest tief durch und sonnst dich gedanklich in der Energie.

Kapitel 33

DER VIOLETTE FLAMMENSCHILD

Die *violette Flamme* ist eine hochschwingende Energie, die negative Energieanhaftungen in Liebe und Licht umwandelt. Sie steht traditionell mit Saint Germain und Erzengel Zadkiel in Verbindung, aber wenn ich mich damit verbinde, stelle ich mir normalerweise hochdimensionale Feuerdrachen vor, die sie tragen. Du wirst diese Energie aus derjenigen Quelle bekommen, die für dich ganz persönlich Sinn macht. Diese Flamme ist anders als das Drachenfeuer, das du zuvor eingesetzt hast, um deinen ätherischen Körper zu reinigen, da sie auf einer viel höheren Frequenz arbeitet, um alle Formen von Energieangriffen und Negativität umzuwandeln. Sie hat zwar Ähnlichkeit mit dem violetten Farbstrahl eines Regenbogens, aber eine völlig andere Energie. Deshalb wird sie normalerweise eher Flamme genannt als Licht.

Obwohl sowohl die violette Flamme als auch der Regenbogenstrahl hohe Schwingungsfrequenzen haben, drücken sie sich in unterschiedlicher Weise aus und erfüllen daher unterschiedliche Zwecke. Der Regenbogenstrahl erhöht die Schwingung, während die violette Flamme negative Schwingungen umwandelt. Der eine aktiviert, die andere transmutiert.

Im Laufe dieses Prozesses wirst du dich mit einer violetten Flammenschicht abschirmen, um dich vor dem Anziehen von Energieangriffen zu schützen und alle Energieanhaftungen, die du möglicherweise im Laufe des Tages angesammelt hast, auszureinigen und umzuwandeln. Da die violette Flamme gleichzeitig reinigt und schützt, ist dies eine schnelle Technik, die regelmäßig sowohl zur Energiereinigung als auch zur Abschirmung eingesetzt werden kann.

Hier die einzelnen Schritte, um dich mit der violetten Flamme abzuschirmen:

1. Begib dich in einen meditativen Zustand und rufe die violetten Flammendrachen und das Element Feuer an. Du könntest sagen: *Ich appelliere an den Geist des Feuers und die violetten Flammendrachen, zu mir zu kommen und mich durch diesen Prozess zu führen.*
2. Die violette Flamme geht eher vom Äther aus als von den violetten Flammendrachen. Sie existiert in diesem Moment, aber in einer anderen Dimension. Die Drachen lenken nur den Energiefluss. Alles, was du zu tun hast, ist, dich darauf zu konzentrieren und an sie zu appellieren, um sie in dir zu aktivieren. Wenn du bereit bist, sage: *Ich fordere die violette Flamme auf, jetzt zu mir zu kommen. Danke, dass du durch meinen Körper und Geist fließt, alle Negativität umwandelst und meine Energie den ganzen Tag über beschützt.*
3. Die violette Flamme wird in dir und um dich herum auftauchen. Auf den ersten Blick scheint sie ein gewöhnliches violettes Licht zu sein, aber je länger du direkt in sie schaust, desto mehr wirst du feststellen, dass sie wie Feuer brennt und funkelt. Visualisiere, wie die violette Flamme deinen Körper und deine Aura umgibt und jede verbleibende Negativität

entfernt. Anstatt den Regenbogenstrahl zu stören, kooperiert die Flamme mit ihm und macht dich unempfindlich gegen externe Negativität.

4. Sobald du die Grenzen des violetten Flammenschildes in dir und um dich herum festgelegt hast, bedankst du dich für seinen Schutz und beendest die Meditation.

Kapitel 34

DIE GOLDENE LICHTPYRAMIDE ALS SCHILD

Als ich eines Tages in Meditation saß, spürte ich, wie der griechische Gott Apollo zu mir kam und eine Pyramide aus goldenem Licht um meinen Körper setzte. Als ich ihre fünf Seiten aktivierte, konnte ich spüren, wie das goldene Licht durch meine Aura und meinen Körper sickerte und meine Energie fast augenblicklich klärte und neu justierte. Zu diesem Zeitpunkt hatte ich mich zwar noch nicht so intensiv mit heiliger Geometrie beschäftigt, wusste aber bereits, dass die Pyramide ein mächtiges Symbol für Energieschutz ist.

Als ich mich in die alten Texte vertiefte, um etwas über die spirituelle Bedeutung der Pyramiden und des Dreiecks zu erfahren, konnte ich klar erkennen, warum es so mächtig war. Dem altgriechischen Mathematiker Euklid zufolge war das Dreieck die erste Urform und ist der Kern der Elementarwelten. Im Jahr 360 v. Chr. stellte der griechische Philosoph Platon die Theorie auf, dass ein gleichseitiges Dreieck fünf polyedrische Formen erzeugt, die heute als platonische Körper bekannt sind. Laut Platon stellen diese Formen die Elemente Erde, Luft, Feuer, Wasser und Geist dar und sind das Kernmuster hinter der gesamten physischen Schöpfung. In den 1980er-Jahren bestätigte Professor Robert Moon, der an der University of Chicago lehrte, dass die platonischen Körper tatsächlich die Grundlage für die Anordnung von Protonen und Neutronen in allen Elementen des Periodensystems sind.[5]

Eine quadratische Pyramide aus vier Dreiecken und einer quadratischen Grundfläche, identisch mit den berühmten ägyptischen Pyramiden, bietet die perfekte Struktur für das Umwandeln von Energie. Ihre stabile quadratische Basis ist fest mit der Erde verbunden, während die vier Seiten nach oben ragen und sich in einem einzigen Punkt treffen. Dadurch entsteht ein symbolischer Energiefluss von der Erde zum Himmel und umgekehrt. Im Wesentlichen fungiert die Pyramide als Brücke zwischen der physischen und der geistigen Welt und ermöglicht es der Energie aus der Quelle, von der Spitze der Pyramide durch dich hindurchzufließen, deine Energie zu reinigen, neu zu justieren und dann in der Erde zu verankern.

Das Meditieren in einer physischen Pyramidenstruktur ist eine großartige Möglichkeit, toxische Energieanhaftungen umzuwandeln und deine Schwingung zu erhöhen, aber du kannst die gleichen Ergebnisse erzielen, indem du mental einen Pyramidenschild um deinen Körper legst. Du kannst dich zwar auch mit einer Pyramide in der Farbe abschirmen, die dir am sinnvollsten erscheint, aber das Erstellen eines goldenen Pyramidenschilds wird deine Abschirmung undurchdringlich machen. Gold ist die mit der Quelle verbundene Farbe. Aus spiritueller Sicht hat es die höchste Schwingungsfrequenz von allen Farben und kann dich fast augenblicklich auf die Frequenz deines inneren Wesens einstimmen.

Hier sind die einzelnen Schritte zum Erstellen eines goldenen Pyramidenschilds:

1. Schließe die Augen und begib dich in einen meditativen Zustand. Konzentriere dich auf dein Kronenchakra und den

obersten Punkt deines Kopfes, dein Portal für die Kommunikation mit der Quelle und den höheren Welten. Erkläre deine Absicht, dich mit dem goldenen Licht der Quelle abzuschirmen, und beobachte, wie eine goldene Lichtkugel nach und nach durch dein Kronenchakra scheint. Lade dieses Licht ein, deinen physischen Körper und deine Aura zu baden, und stelle dir mit jedem Atemzug vor, wie es durch dich hindurchfließt und jeden Teil deines Wesens durchdringt.
2. Wenn du deinen gesamten Körper und deine Aura mit dem goldenen Licht aus deinem Kronenchakra durchtränkt hast, lass dieses goldene Licht die Form einer goldenen Pyramide annehmen, die deinen Körper umgibt. Um sie besonders stark zu machen, bittest du Apollo, den griechischen Gott des Lichtes und des Energieschutzes, den Prozess zu unterstützen. Achte darauf, dass die Pyramide vier dreieckige Seiten und eine quadratische Grundfläche hat.
3. Die Pyramide strahlt goldenes Licht nach innen und außen. Das nach innen gerichtete Licht wandelt Energieanhaftungen um, die bereits in deinem Wesen sind, während das nach außen gerichtete Licht ankommende Energieanhaftungen umwandelt und sicherstellt, dass nur liebevolle und hohe Schwingungen durchkommen. Verbringe etwas Zeit damit, dich gedanklich in der goldenen Pyramide zu sonnen, und lass zu, dass ihr Licht toxische Energie in deinem Energiefeld und außerhalb davon umwandelt.
4. Programmiere die Pyramide so, dass sie den ganzen Tag erleuchtet bleibt oder so lange wie du brauchst, um ankommende negative Energie umzuwandeln.
5. Bleibe so lange in diesem meditativen Zustand, wie du möchtest, und beende die Meditation, wenn du das Gefühl hast, dass du fertig bist.

Kapitel 35

ABSCHIRMEN MIT AMULETTEN UND TALISMANEN

Amulette und Talismane sind Symbole und Gegenstände, die meist als Anhänger um den Hals oder sonst irgendwo am Körper getragen werden und vor Energieangriffen schützen sollen. Obwohl die beiden Begriffe oft synonym verwendet werden, gibt es entscheidende Unterschiede zwischen ihnen.

Amulette werden traditionell mit der Abwehr negativer Energie in Verbindung gebracht, und tatsächlich bilden sie einen Abwehrschild um deine Aura, der vor Energieangriffen schützt. Wie der römische Naturphilosoph Plinius der Ältere in seinem Buch *Naturalis historia (Naturgeschichte)* erklärt, ist ein Amulett »ein Gegenstand, der eine Person vor Schwierigkeiten schützt«. *Talismane* hingegen haben verstärkende Eigenschaften und zielen darauf ab, die natürliche Energieabwehr des Trägers zu stärken. Alles kann verwendet werden, um Amulette und Talismane herzustellen, wobei Kristalle, Figuren, Münzen, Zeichnungen und geschriebene Worte zu den beliebtesten Objekten gehören.

Sowohl Amulette als auch Talismane werden seit der Antike bis heute in vielen Kulturen auf der ganzen Welt verwendet. In Ägypten trugen schwangere Frauen Amulette mit dem Bild der Tauret, Göttin der Schwangerschaft und Geburt, um sie vor Fehlgeburten zu schützen. Die alten Griechen und Römer brachten Götter und Göttinnen mit Kristallen in Verbindung und stellten Amulette und Talismane aus Chalzedon, Jaspis und Amethyst her. In China wurde das taoistische *Fulu*, eine spezielle Art von Kalligrafie, zum Schutz vor bösen Geistern eingesetzt.

Bis heute werden Amulette und Talismane im religiösen Bereich und im Volksglauben immer noch auf der ganzen Welt eingesetzt. Das türkische *Nazar*, ein kreisförmiges blaues Glasauge, ist ein großartiges Beispiel für ein Amulett, das vor allem in westasiatischen Ländern zum Schutz vor dem bösen Blick verwendet wird. Das Kruzifix ist ein weiteres beliebtes Amulett, das von Christen zum Schutz vor Verwünschungen und negativen Wesenheiten verwendet wird. Andere beliebte Objekte, die im Laufe der Jahre als Amulette und Talismane verwendet wurden, waren Knoblauch, Kohle, Runen, Glücksmünzen und Hufeisen.

Wie Amulette und Talismane funktionieren

Wie alle Energieschutzwerkzeuge und -prozesse sind die schützenden Fähigkeiten von Amuletten und Talismanen von der Absicht, dem Glauben, den Gebeten und dem Segen abhängig, die ihnen zuteilwerden. Was sie von den meisten Energieschutzinstrumenten unterscheidet – abgesehen davon, dass man mit etwas Greifbarem arbeitet –, ist die kombinierte und oft kollektive Absicht, die in ihre Erstellung einfließt. Amulette und Talismane beziehen ihre schützenden Fähigkeiten aus den kombinierten Gebeten, Überzeugungen und Absichten der Menschen, die sie geschaffen haben und die sie verwenden.

Wenn du beispielsweise beschlossen hast, einen Talisman zu verwenden, den du gekauft hast oder der dir von jemandem geschenkt wurde, wird dieser Talisman neben den schützenden Eigenschaften, die ihm von der Person, die ihn geschaffen hat, eingeflößt wurden, auch die schützenden Eigenschaften deiner eigenen Absichten in sich tragen. Ein beliebtes Amulett wie ein Nazar oder ein Kruzifix trägt die kollektiven Schutzeigenschaften aller Menschen, die dieses spezielle Amulett in der Vergangenheit und Gegenwart zum Schutz verwendet haben, in sich. Gerade weil die schützenden Eigenschaften von Amuletten und Talismanen kollaborativ sind, ist es wichtig, dass du der Person oder den Personen, die zu ihrer Erschaffung beigetragen haben, und der kollektiven Absicht dahinter voll und ganz vertraust, bevor du das Amulett oder den Talisman einsetzt.

Aus energetischer Sicht legt das Amulett oder der Talisman einen schützenden Energieschild um deine Aura und führt seine programmierten Eigenschaften vor. Obwohl die Schutzschilde von Amuletten und Talismanen recht dauerhaft sind, müssen sie häufig neu programmiert werden, damit ihre Wirksamkeit erhalten bleibt. Ich habe viele Geschichten von Nazaren gehört, die unerwartet und augenblicklich zerbrachen, wenn sie intensiver Negativität ausgesetzt waren. Dies geschieht, wenn das Amulett eine Zeit lang nicht wieder aufgeladen oder neu programmiert wurde, dadurch seine abwehrenden oder verstärkenden Eigenschaften verloren hat und infolgedessen dem ankommenden Energieangriff nicht standhalten konnte.

Ein Amulett oder einen Talisman herstellen

Es hat zwar große Vorteile, ein Amulett oder einen Talisman zu kaufen, besonders wenn sie speziell für dich angefertigt wurden, aber ich kreiere lieber meine eigenen. Obwohl nichts falsch daran ist, sich von anderen in den eigenen Bemühungen um Energieschutz unterstützen zu lassen, kann die Abhängigkeit von den Absichten und der Macht eines anderen Menschen leicht zu co-abhängigen Mustern führen, die uns unsere Macht rauben. Wenn wir uns hingegen die Zeit nehmen, unsere schützenden Amulette und Talismane selbst zu erschaffen, würdigen und erkennen wir unsere eigene Macht an, unsere Energie zu schützen, was allein schon ein mächtiger Schutz ist.

Hier die einzelnen Schritte, um dein Amulett oder deinen Talisman selbst herzustellen:

1. Entscheide zunächst, ob du ein Amulett oder einen Talisman herstellen möchtest. Denke daran, dass ein Amulett Energieangriffe abwehrt, während ein Talisman deine natürliche Energieabwehr verstärkt. Wenn du möchtest, kannst du ein Objekt anfertigen, das beide Eigenschaften vereint, oder sogar einen transmutierenden Talisman. Lass dich nicht von Bedingungen einschränken und erlaube dir, etwas zu kreieren, das für dich funktioniert.
2. Begib dich in einen meditativen Zustand und führe die einzelnen Schritte, um deinen Energieschutzwächter kennenzulernen, aus, wie in Kapitel 8 erklärt. Wenn du dich zentriert, geerdet und verbunden fühlst, bitte deinen Wächter, dich mit einem Symbol oder Objekt zu inspirieren, das als dein Amulett oder Talisman fungieren wird. Bleibe ein paar Minuten in der Meditation und lass dieses Symbol oder Objekt Gestalt annehmen.
3. Wenn es sich um ein Symbol handelt, fertige davon sofort eine Zeichnung auf Papier an, damit du es nicht vergisst. Du kannst dein Symbol auch auf ein Stück Holz, Ton, Stein oder Kristall zeichnen. Wenn es sich nicht um ein Symbol handelt, folge den Anweisungen, die du bekommen hast, um das Amulett oder den Talisman zu erstellen. Die mächtigs-

ten Amulette und Talismane bestehen entweder vollständig aus natürlichen Materialien oder sind eine Kombination aus vorgefertigten physischen Objekten und Naturmaterialien.

4. Bevor du die von dir ausgewählten Bestandteile verwendest, solltest du darauf achten, dass ihre Energie gelöscht wird, indem du sie unter fließendes kaltes Wasser hältst oder durch Rauch ziehst.
5. Wenn du dein Amulett oder deinen Talisman hergestellt hast, hältst du sie vor deine Brust und programmierst sie mit Absicht, einem Gebet und/oder indem du deinen Schutzwächter und andere Geistführer aufforderst, ihre Schutzkräfte hinzuzufügen. Du könntest so etwas sagen wie: *Ich bitte dieses Amulett, einen abwehrenden Lichtschild um meinen Körper und meine Aura zu legen, der negative Energie fernhält, solange ich es trage. Vielen Dank (Name des von dir gewählten Schutzwächters), dass du das Amulett mit deinen schützenden Eigenschaften erfüllt hast und mir jederzeit Sicherheit und Schutz gibst.*
6. Um deine Programmierung zu festigen, könntest du dein Amulett oder deinen Talisman vielleicht noch mit einem ätherischen Öl salben, das deiner Meinung nach diejenigen Eigenschaften hat, mit denen du das Amulett oder den Talisman anreichern möchtest, und nach dem Salben darauf pusten oder sie küssen, um deine Energie hinzuzufügen.
7. Jetzt kannst du dein Amulett oder deinen Talisman einsetzen. Du kannst sie entweder täglich tragen oder einfach immer dann, wenn du das Gefühl hast, dass du ihre spezifischen Schutzeigenschaften brauchst. Um ihre Schutzkräfte aufrechtzuerhalten, solltest du sie möglichst vor jedem Gebrauch neu programmieren.

Tipps für den Kauf von Amuletten und Talismanen

Vielleicht entscheidest du dich, ein Amulett oder einen Talisman zu kaufen, anstatt sie selbst herzustellen, oder du bekommst sie von einem Heiler oder Freund. Wie bereits erwähnt, können Amulette und Talismane, die von anderen geschaffen wurden, oder beliebte kommerzielle Versionen, die im Laufe der Zeit von vielen Menschen verwendet wurden, zusätzliche Schutzkraft bieten, die sich aus der kollektiven Absicht ergibt, die in ihre Herstellung eingeflossen ist. Allerdings sind nicht alle Amulette und Talismane, die von anderen geschaffen wurden, sicher zu verwenden, und nicht alle, die allgemein beliebt sind, für jeden geeignet.

Beachte diese Richtlinien, wenn du ein Amulett oder einen Talisman kaufst oder geschenkt bekommst:

- **Bring mehr über die Person oder die Personen in Erfahrung, die das Amulett oder den Talismann angefertigt haben:** Informiere dich über sie und die Absicht hinter dem Amulett oder Talisman, die du dir ausgesucht hast. Wurden sie von einer einzelnen Person oder von einer Gruppe von Personen gemacht? Welche Ausbildung hat diese Person/Gruppe? Welche rituellen Praktiken wurden bei der Entstehung des Amuletts oder Talismans durchgeführt? Bist du mit den spirituellen Überzeugungen und der Weltanschauung der entsprechenden Person/Gruppe einverstanden? Wenn du dein Amulett oder deinen Talisman in einem Esoterikladen kaufst, könnest du den Ladenbesitzer bitten, dir weitere Informationen darüber zu geben. Wenn das nicht ausreicht, nimmst du das Amulett oder den Talisman in beide Hände, stimmst dich auf deine Intuition ein und wartest ab, was du empfängst. Wie reagiert dein Körper darauf? Spürst du eine

Expansion oder eine Kontraktion bei der Vorstellung, das Amulett oder den Talisman zu verwenden?

- **Beschäftige dich mit den Symbolen:** Sind auf dem Amulett oder Talisman irgendwelche Symbole zu sehen? Ein *Symbol* ist ein Zeichen, eine Form oder ein Objekt, die für etwas anderes stehen. Symbole, die von vielen Menschen über viele Jahre verwendet werden, enthalten verschlüsselte Informationen, Archetypen, Gedankenformen und Emotionen, die alle etwas mit der kollektiven Verwendung des Symbols zu tun haben. Bevor du dich für ein Amulett oder einen Talisman entscheidest, finde möglichst viel über das Symbol heraus, das darauf dargestellt ist, und stelle sicher, dass es mit deinem Glaubenssystem übereinstimmt und du es als deinen Verbündeten haben möchtest.
- **Mache sie dir zu eigen:** Falls du ein kommerzielles, industriell gefertigtes Amulett wie ein Nazar-Amulett oder ein Kruzifix kaufst, sollte dir bewusst sein, dass seine schützende Energie hauptsächlich etwas mit seiner kollektiven Verwendung und Intention im Laufe der Jahre zu tun hat und weniger mit der Person, die seine Entstehung ermöglicht hat. Vorausgesetzt, du bist mit der kollektiven Programmierung hinter dem Amulett oder Talisman einverstanden, gibt dir die Tatsache, dass es sich nicht um ein Unikat, sondern um ein Massenprodukt handelt, Gelegenheit, es dir zu eigen zu machen und mit deiner eigenen Absicht zu erfüllen. Führe die Schritte 4 bis 7 im vorherigen Abschnitt aus, um es zu reinigen, zu programmieren und zu salben.

Sollte sich am Ende herausstellen, dass du ein Amulett oder einen Talisman hast, mit denen du nicht schwingst, dann gib sie an jemanden weiter, der sie besser einsetzen kann, oder entsorge sie, indem du sie in der Erde vergräbst.

Kapitel 36

ABSCHIRMEN MIT DEINEN GEISTFÜHRERN

Wie du durch das Experimentieren mit den verschiedenen Abschirmtechniken, die ich bisher vorgestellt habe, wahrscheinlich schon bemerkt hast, gibt es unzählige Möglichkeiten, wie du deine Absicht und Vorstellungskraft, die Natur sowie verschiedene Licht- und Energiequellen nutzen kannst, um dich abzuschirmen und zu schützen. Energieschutz wird seit Tausenden von Jahren in vielen Kulturen praktiziert und du kannst mit zahllosen Techniken, Prozessen und Energien arbeiten.

Ich habe mich dazu entschieden, in diesem Buch diejenigen vorzustellen, die ich persönlich einsetze und die sich in unserer Zeit bewährt haben. Abgesehen von den Techniken, die mit den Elementarwesen zu tun haben, habe ich sonst keine anderen vorgestellt, die sich auf Geistführer wie Engel, Heilige, verstorbene Angehörige, Tiergeister, Sternenmenschen und aufgestiegene Meister beziehen. Ich habe dies bewusst getan, um die spirituellen Überzeugungen aller Menschen zu würdigen und das Buch so wenig konfessionsgebunden wie möglich zu halten. Dieser Teil wäre jedoch nicht vollständig, wenn ich nicht auch auf die Vorteile der Arbeit mit solchen Geistführern eingehen würde, und zwar unabhängig davon, welche Form sie annehmen oder mit welcher Religion sie in Verbindung gebracht werden.

Geistführer sind persönliche oder kollektive Gottheiten, die uns auf unserer Reise auf dem Planeten Erde begleiten und leiten. Einige von ihnen werden uns bei der Geburt an die Seite gestellt und begleiten uns unser ganzes Leben lang, während andere je nach unseren Bedürfnissen und Wünschen kommen und gehen. Persönliche Geistführer arbeiten ausschließlich mit uns, und zwar solange wir leben und darüber hinaus, während kollektive Guides mit mehreren Menschen gleichzeitig arbeiten.

In unterschiedlichen Kulturen und Religionen und auf verschiedenen spirituellen Wegen wird mit unterschiedlichen Geistführern zusammengearbeitet, und es ist wichtig, dass du dir deine ganz persönliche Reise anschaust, um diejenigen kennenzulernen und auszuwählen, zu denen du dich geleitet fühlst. In diesem Kapitel stelle ich allgemeine Richtlinien für die Kontaktaufnahme und Zusammenarbeit mit deinen ausgewählten Geistführern zum Zweck der Energieabschirmung vor.

Meine Reise mit den Geistführern

Meine spirituellen Überzeugungen haben sich im Laufe der Zeit verändert. Weil ich christlich erzogen wurde, wandte ich mich mit der Bitte um Schutz für gewöhnlich an Jesus, die Muttergottes und verschiedene Heilige. Später experimentierte ich mit Hexerei und verließ mich hauptsächlich auf schützende Amulette, Talismane und die Energien der Natur. Dann wandte ich mich dem New Age zu, machte eine Ausbildung in Engeltherapie und arbeitete mit verschiedenen Engeln, Erzengeln und aufgestiegenen Meistern als Schutzgeber. Jetzt, nachdem ich mich dem griechischen Heidentum zugewandt habe, rufe ich oft die

Elementarwesen und verschiedene griechische Götter und Göttinnen wie Apollo, Zeus und Aphrodite an.

Das Interessante an der Arbeit mit diesen scheinbar gegensätzlichen Geistführern war, dass sie mir alle gleich gut halfen, meine Energie zu schützen. Dies unterstützt meine Aussage, dass unsere Absicht und unser Glaube an einen Prozess die primären Faktoren sind, die ihn funktionieren lassen, und nicht der Prozess selbst. Die Energie der Quelle bringt sich auf so viele Arten zum Ausdruck, wie es Menschen auf diesem Planeten gibt, und noch darüber hinaus. Daher wird die Quelle einen Weg finden, mit uns zusammenzuarbeiten und uns auf der Grundlage unseres derzeitigen Glaubenssystems zu schützen. Ich war immer davon überzeugt, dass es viele Wege zur Quelle gibt, und das gilt auch für den Energieschutz.

Vorteile des Arbeitens mit Geistführern

Anstatt dir eine Liste von Gottheiten und Geistführern an die Hand zu geben, mit denen du arbeiten kannst, um dich energetisch abzuschirmen, möchte ich lieber, dass du dich von deinen eigenen spirituellen Überzeugungen, deiner eigenen Tradition oder Religion leiten lässt. Wer, glaubst du, ist ein geeigneter Geistführer, mit dem du zur Energieabschirmung arbeiten kannst? Ist es ein Erzengel, ein heidnischer Gott oder eine heidnische Göttin, ein aufgestiegener Meister, dein Seelentier, ein verstorbener Angehöriger, deine Sternenfamilie oder ein Elementarwesen? Welcher Geistführer fühlt sich außerdem richtig an, um dir bei der Durchführung der verschiedenen Abschirmprozesse zu helfen, die ich in diesem Teil vorgestellt habe? Wenn du keine starke Verbindung zu einer spirituellen Tradition hast, kannst du jederzeit mit deinem Energieschutzwächter, den du in Kapitel 8 kennengelernt hast, zusammenarbeiten, wenn es darum geht, dich beim Abschirmen anzuleiten und deinen Schild zu stärken.

Abgesehen davon musst du nicht unbedingt bestimmte Geistführer anrufen, wenn du deine Energie reinigen oder abschirmen willst. Deine ganz persönliche Kraft und Absicht reichen aus, um dich zu schützen. Wenn du jedoch einen starken Glauben und Verbindungen zu bestimmten Geistführern hast, bringt es ungemeine Vorteile, dir ihre unterstützenden und schützenden Eigenschaften zunutze zu machen. Da alle Geistführer Erweiterungen deiner selbst sind, kann die Verbindung mit ihnen ein Katalysator für den Zugang zu nicht zum Ausdruck gebrachten Teilen deiner selbst sein, deine Aufstiegsreise beschleunigen und dir helfen, dein höchstes spirituelles Potenzial zu erreichen.

Wenn du dich gleichzeitig mit deinen Geistführern verbindest, um deine Energie abzuschirmen, kannst du neue Abschirmtechniken einführen, die genau auf dich zugeschnitten sind. Ich rufe oft Aphrodite an, wenn ich mich bei einem Date unsicher oder unwohl fühle, Zeus, wenn ich mich verloren fühle oder ängstlich bin, und Apollo, wenn ich mich von jemandem übersinnlich angegriffen fühle. In all diesen Fällen kamen die Götter und Göttinnen zu mir und schirmten mich mit ihren einzigartigen Energien ab oder führten mich durch komplexere Energieschutzprozesse. Du kannst das Gleiche tun, indem du mit den Gottheiten experimentierst, zu denen du eine enge Verbindung hast.

Schirme dich mit der folgenden Meditation mithilfe deiner ausgewählten Geistführer ab:

1. Schließe die Augen und begib dich in einen meditativen Zustand. Führe den Prozess des Zentrierens und der Erdung durch und öffne dich, um dich mit deinem gewählten Geist-

führer zu verbinden. Du kannst deinen Energieschutzwächter anrufen oder jeden anderen Geistführer, mit dem du arbeiten möchtest.

2. Um die Verbindung abzusichern, sagst du dir in Gedanken oder laut so etwas wie: *Ich rufe (Name des Geistführers) auf, zu mir zu kommen und mein Energiefeld abzuschirmen. Danke, dass du mich vor allen Formen von toxischer Energie schützt und dafür sorgst, dass ich auf Liebe und Licht ausgerichtet bleibe.*
3. An diesem Punkt wirst du spüren, wie die Energie deines Geistführers zu dir kommt. Verwende deine dominante Intuitionssprache, um Verbindung mit ihm aufzunehmen, und bitte ihn, dir zu zeigen, wie du dich am besten schützen kannst.
4. Was als Nächstes passiert, hängt ganz von deinem Geistführer ab. Vielleicht erlebst du, wie er dich mit Licht abschirmt, dir ein energetisches Amulett oder einen Talisman schenkt oder dich durch eine Visualisierung oder einen anderen Prozess führt. Es gibt zahllose Möglichkeiten. Bleibe präsent und verbunden und lass dir von deinem Reiseleiter den Weg weisen.
5. Wenn der Prozess abgeschlossen ist, bedankst du dich bei deinem Geistführer und bittest ihn, bei dir zu bleiben und den Schutz so lange aufrechtzuerhalten, wie du ihn brauchst. Wenn du bereit bist, beendest du sicher und geschützt die Meditation.

Kapitel 37

HÄUFIG GESTELLTE FRAGEN ZUR ENERGIE-ABSCHIRMUNG

Während du mit diesen Energieabschirmprozessen und anderen experimentierst, die du möglicherweise nebenbei gelernt hast, stellst du dir vielleicht die Frage nach ihrer Wirksamkeit, Nützlichkeit und wie oft du sie am besten praktizierst. Die vier häufigsten Fragen zur Energieabschirmung, die mir gestellt werden, lauten wie folgt:

Funktionieren diese Prozesse todsicher?
Alle Prozesse, die ich beschrieben habe, sind mächtig und schützen dich wirksam vor Energieangriffen, aber sie sind kein todsicheres System. Sie sind nur so wirksam, wie es deine Schwingungsfrequenz im Moment zulässt. Deine Schwingungsfrequenz steigt und fällt, während du im Laufe des Tages verschiedene Erfahrungen machst. Ja, der Regenbogenstrahl hält sie hoch, aber es liegt in deiner Macht, seine Wirkkraft zu verringern oder zu verstärken, indem du dich auf die negativen beziehungsweise positiven Erfahrungen im Leben konzentrierst.

Der Regenbogenstrahl und die violette Flamme schützen dich zwar weitgehend vor übersinnlichen Angriffen, aber wenn deine

Schwingung oszilliert, könntest du immer noch Negativität anziehen.

Kann ich diese Abschirmverfahren in Kombination mit anderen einsetzen?

Ja. Du musst deine Energieabschirmpraxis nicht ändern, wenn sie effektiv ist. Ich empfehle dir allerdings, diese Methoden mindestens einmal auszuprobieren, um zu sehen, wie gut sie für dich funktionieren. Vielleicht findest du sie besser als deine aktuellen Prozesse, und vielleicht inspirieren sie dich sogar dazu, einen neuen zu kreieren.

Wie oft sollte ich mich abschirmen?

Im Idealfall solltest du dich jeden Morgen abschirmen, und zwar mit der Absicht, den Schutz den ganzen Tag aufrechtzuerhalten. Da sich deine Schwingungsfrequenz im Laufe des Tages unweigerlich ändert, ist es sicherer, dich mitten am Tag erneut abzuschirmen, um deine bestehenden Schilde aufzubessern.

Gleichzeitig kannst du, einfach indem du es als deine Absicht erklärst, deine Schutzschilde stärken oder reaktivieren, wann immer du das Gefühl hast, anfällig für negative Einflüsse von außen zu sein. Wenn ich in einem Krankenhaus, einem Fitnessstudio, einem Flughafen oder an einem anderen Ort bin, an dem sich viele Menschen aufhalten, schirme ich mich oft ab. Dann entspannen sich meine Schultern fast augenblicklich und meine Stimmung verbessert sich.

Wann sollte ich meine Schutzschilde stärken?

Ich habe in den entsprechenden Abschnitten über einige Anlässe gesprochen, bei denen du deinen Schutzschild und die entsprechenden spezifischen Schilde vielleicht stärken willst. Hier eine umfassendere Liste solcher Anlässe:

- **Wenn du dich von der Quelle getrennt fühlst**
  Wie ich bereits erwähnt habe, hängt das Ausmaß, in dem du Energieangriffe anziehst, davon ab, inwieweit du auf dein inneres Wesen eingestimmt bist. Wenn deine Schwingungsfrequenz hoch ist, was bedeutet, dass du hauptsächlich positive Gefühle hast, bist du ganz natürlich auf die Quelle ausgerichtet und kannst nur Menschen, Energien und Erfahrungen anziehen, die in diesem hohen Schwingungszustand sind.
  Angreifbar wirst du nur, wenn deine Schwingungsfrequenz niedriger ist als die Frequenz deines inneren Wesens. Aus dieser Perspektive ist jedes Mal, wenn du das Gefühl hast, von der Quelle getrennt zu sein, ein guter Zeitpunkt, deine spirituelle Praxis und deine Energieschutzschilde zu verstärken, um dich wieder richtig zu positionieren.
- **Wenn du in einer toxischen Interaktion feststeckst**
  Es ist uns allen schon einmal passiert, in Gesellschaft toxischer Menschen festzusitzen, die sich über die Dramen und Traumata ihres täglichen Lebens auslassen. Die Energie im Raum wird zunehmend schwerer und sogar erdrückend, und wenn wir schließlich gehen, sind wir ausgelaugt und entmutigt. Obwohl es wichtig ist, empathisch zu sein, ist es auch wichtig sicherzustellen, dass wir die Energie dieser Menschen nicht übernehmen.
  Mein Vorschlag für den Umgang mit derart toxischen Interaktionen ist, sich höflich zu verabschieden. Wenn du aus irgendeinem Grund nicht gehen kannst, solltest du in dieser Situation umgehend deine Schilde stärken, um dein Aurafeld zu schützen und deine Energie zu sichern.
- **Während und nach einer Krankheit**
  Wenn wir eine körperliche Krankheit durchmachen, mit den Folgen einer Operation umgehen müssen oder irgend-

ein psychisches Problem haben, vernarbt unser Energiefeld und wird geschwächt. Da unsere geistige und körperliche Gesundheit direkt mit unserer energetischen Gesundheit in Verbindung steht, ist es wichtig, dass wir uns die Zeit nehmen, unsere Energie sehr sorgfältig zu klären und abzuschirmen. Dies schützt dich nicht nur vor Energieangriffen jeder Art, sondern hilft dir auch, schneller wieder gesund zu werden.

- **Wenn du auf Reisen oder von vielen Menschen umgeben bist**
  Es ist wichtig, dass du dir etwas mehr Zeit nimmst, um dich abzuschirmen, bevor du Flughäfen, Krankenhäuser oder Unterhaltungsstätten wie Kinos, Konzerte, Clubs, Einkaufszentren oder sogar den örtlichen Wochenmarkt besuchst. Immer wenn du von einer großen Gruppe von Menschen umgeben bist, bist du automatisch anfällig dafür, dass ihr Energiefeld mit deinem interagiert oder dass sie dir bewusst oder unbewusst negative Energie senden. Wenn du ein sensibler Empath bist, wirst du dich nach einem langen Tag an solchen Orten vermutlich schwerer und erschöpft fühlen, selbst wenn du nicht viel getan hast und einen entspannten Tag hattest.
  Das kommt daher, dass deine Aura mit Energieanhaftungen sowohl von Menschen als auch von Räumen regelrecht überflutet wird.
- **Wann immer du Lust dazu hast**
  Manchmal hast du vielleicht das Bedürfnis, deine Schutzschilde etwas mehr zu stärken, auch wenn es erst mal keinen offensichtlichen Grund dafür gibt. Vertraue diesem Gefühl und tu alles, was nötig ist, damit du dich rundum sicher und wohl fühlst. Wie du in diesem Buch kennengelernt hast, gibt es ziemlich viele verschiedene Ebenen des Energieangriffs, und obwohl dein Bewusstsein möglicher-

weise nicht alle erkennt, nimmt deine Intuition sie stets wahr.

Teil IV

Schütze deine Energie online

Kapitel 38

LEBEN IN EINER DIGITALEN WELT

Einer der Gründe, warum es so wichtig geworden ist, sich energetisch schützen zu können, ist unsere zunehmende Exposition gegenüber Menschen und Orten, nicht nur offline, sondern auch in den digitalen Räumen, in denen wir leben. Der technologische Fortschritt hat uns geholfen, die Grenzen von Raum und Zeit zu überwinden, und das Reisen um die Welt billiger und schneller gemacht. Und dasselbe hat er für die Onlineräume getan, in denen wir uns aufhalten. In den letzten Jahrzehnten haben wir unser Leben und unsere geschäftlichen Unternehmungen mehr und mehr zu Onlineaktivitäten gemacht. Immer mehr Menschen fühlen sich zunehmend wohl damit, online miteinander zu kommunizieren und zu arbeiten. Die COVID-19-Pandemie war ein Katalysator für die digitale Revolution und machte es unvermeidlich, online zu leben und zu arbeiten.

Wir müssen erkennen, dass Onlineräume tatsächlich *Räume* sind. Obwohl sie immateriell sind, existieren sie virtuell und transportieren Energie auf ähnliche Weise wie physische Räume. In *Social Media for a New Age: Book 2* schreibt Katie Brockhurst:

Es ist eine digitale Welt, eine weitläufige Metropole, die sich ständig verändert und wächst. Neue Autobahnen werden gebaut, Straßen werden neu verlegt, neue Vororte tauchen in Form von Features und Updates auf. … Dann gibt es all die Leute und diese ganzen Anzeigen und Videos, die als gesponserte Posts in unseren Chroniken erscheinen. Sie klopfen an unseren digitalen Türen, jeden Tag und oft unangekündigt oder ungebeten. Es ist, als stünden die Vertreter für Doppelverglasungen und die Zeugen Jehovas gemeinsam vor deiner Tür, während auch noch sämtliche Marketing- und Verkaufsbroschüren gleichzeitig durch deinen Briefkastenschlitz fallen.[6]

Daher müssen wir uns die Zeit nehmen, die digitalen Räume zu verstehen, in denen wir interagieren, damit wir die notwendigen Maßnahmen ergreifen können, um uns und unsere Energie zu schützen. Digitale Räume funktionieren energetisch zwar ähnlich wie physische Räume, und viele der Klärungs- und Abschirmprozesse, die du bisher in diesem Buch kennengelernt hast, werden dir auch helfen, dich online zu schützen, aber es gibt wichtige Nuancen und ganz besondere Prozesse, die dir helfen werden, deinen Schutz noch zu vertiefen. In diesem letzten Teil des Buches untersuchen wir den Charakter digitaler Räume und die Art und Weise, wie wir darin interagieren. Und anschließend weihe ich dich sowohl in taktische als auch spirituelle Tipps und Prozesse ein, die dir helfen, deine Energie online zu schützen.

Digitale Räume verstehen

Stell dir die digitale Landschaft als eine Welt in der Welt vor. Zunächst haben wir die physische Welt, die wir bewohnen, mit ihren verschiedenen Kontinenten, Ländern, Städten, Häusern und all den menschlichen und spirituellen Interaktionen und

Strömungen darin. Wir haben öffentliche Räume wie Straßen, Parks und Stadtzentren, halböffentliche Räume wie Einkaufszentren, Kinos, Restaurants und Bars und private Räume wie unsere Wohnungen und Fahrzeuge.

Dann haben wir die digitale Welt, die in einer parallelen Dimension innerhalb der physischen Welt existiert und diese im Wesentlichen widerspiegelt. Verschiedene Social-Media-Plattformen können als unterschiedliche Länder betrachtet werden, jedes mit seinen eigenen öffentlichen und privaten Räumen, in denen wir interagieren können.

Nehmen wir Instagram als Beispiel. Die Explore-Page und die verschiedenen Hashtags ähneln öffentlichen Räumen in Großstädten. Du kannst durchscrollen und auf alle Arten von Menschen, Informationen und Energien treffen. Dein Newsfeed auf Instagram ist ein halböffentlicher Bereich, in dem du immer noch einer Vielzahl von Inhalten ausgesetzt bist, hauptsächlich von Personen, von denen zu hören deine Entscheidung war. Schließlich ist DM (*Direct Message*) ein privater Bereich, in dem du vertraulichere Gespräche mit Personen führen kannst, mit denen du dich beschäftigen möchtest. Ähnlich wie Instagram sind auch Facebook, Twitter, LinkedIn, TikTok, Snapchat, YouTube, WhatsApp und andere Social-Media-Plattformen digitale Länder mit ihren eigenen öffentlichen, halböffentlichen und privaten Räumen.

Sich auf mehreren Plattformen zu engagieren ist so ähnlich, als wäre man ein Popstar auf Welttournee, der von Land zu Land fliegt, Konzerte gibt, Fans trifft und Interviews gibt. Dein physischer Körper mag zwar zu Hause sein, auf der Couch faulenzen und eine Tasse heißen Kakao genießen, während du auf deinem Handy herumscrollst, aber deine feinstofflichen Körper (dein Emotionalkörper, dein Mentalkörper und manchmal auch dein Astralkörper) reisen derweil durch die digitale Welt.

Auch wenn dein physischer Körper vielleicht abgeschirmt und geschützt ist, sind deine anderen Körper vielleicht allen möglichen Arten von Energien ausgesetzt, auf die sie während ihren digitalen Reisen treffen.

Online kommunizieren

Meiner Erfahrung nach macht uns die Onlinekommunikation anfälliger für Energieangriffe als die Kommunikation unter vier Augen. In der realen Welt nutzen wir unsere Sinne, um unsere Umgebung zu scannen und ihre Energie einzuschätzen, bevor wir uns in sie begeben. Befinden wir uns dann in dieser Umgebung, nutzen wir ebenfalls unsere Sinne und vor allem die Anziehungskraft unserer Aura, um mit Menschen in Kontakt zu treten, von denen wir das Gefühl haben, dass es eine angenehme Interaktion werden kann. Wenn wir in ein Gespräch mit jemandem geraten, mit dem wir nicht harmonieren, spüren wir das sofort und können uns umdrehen und gehen, wenn wir wollen.

Bei Onlinekonversationen wird die Kommunikation auf Worte und manchmal auf Emojis reduziert, die erfolglos versuchen, die Fülle und Komplexität menschlicher Emotionen nachzuahmen. Indem wir den physischen Aspekt der Kommunikation – die physische Präsenz, Emotionen, Energie und nonverbale Hinweise – verlieren, verlieren wir auch einen Teil unserer Fähigkeit, den digitalen Raum zu scannen und die Qualität der Menschen und unserer Interaktionen mit ihnen einzuschätzen. Obwohl wir definitiv lernen können, unsere Textkonversationen mit dem richtigen Einsatz von Sprache und Emojis persönlicher zu machen, und indem wir Audio- und visuelle Nachrichten einbeziehen, geht uns unweigerlich immer noch ein großer Teil dessen, was menschliche Kommunikation ausmacht, verloren.

Viele Menschen nutzen die entmenschlichte Art der digitalen Kommunikation ganz bewusst, um sich anders als sonst zu verhalten und auf eine härtere und ungehindertere Art und Weise zu kommunizieren, die ihren Charakter nicht wirklich widerspiegelt. Andere ändern ihre Identität oder wechseln sie vollständig, indem sie sich hinter gefälschten Bildern und Profilen verstecken und über eine digitale Persönlichkeit interagieren. Daher unterscheidet sich die Kommunikation im digitalen Raum stark von der Kommunikation in der physischen Welt, was die Möglichkeiten, wie wir energetisch angegriffen werden können, erweitert.

Energieangriffe in digitalen Räumen

Energieangriffe funktionieren in der digitalen Landschaft genauso wie in der physischen Welt. Auch wenn wir nicht in unmittelbarer Nähe zu den Menschen sind, mit denen wir interagieren und denen wir in den sozialen Medien ausgesetzt sind, sind wir dennoch über den digitalen Raum, in dem wir uns befinden, mit ihnen verbunden. Unsere gemeinsame Präsenz im selben digitalen Raum verschafft ihnen Zugang zu unserer Energie und macht uns anfällig für Angriffe. Genauso wie du anfällig für Energieangriffe bist, wenn du in ein Restaurant gehst und dich Fremden aussetzt, bist du auch anfällig für Angriffe, wenn du einen Kommentar zu einem Facebook- oder Instagram-Post abgibst. Vergiss nicht, dass digitale Räume geschaffen wurden, um physische Räume zu spiegeln. Und sie spiegeln auch die Art und Weise wider, wie Energie zwischen den Menschen fließt, die in ihnen interagieren.

Daher kann es alle Arten von Energieangriffen, von denen in Kapitel 5 die Rede war, auch in der digitalen Landschaft geben, und sie können alles Mögliche beinhalten, vom Anziehen im Raum verbliebener Restenergie aus den sozialen Räumen, in denen wir interagieren, bis hin zu übersinnlichen Angriffs- und Eifersuchtsdolchen.

Vor ein paar Jahren wurde ich Opfer eines Energieangriffs mit psychischen Dolchen, als ich mich mit jemandem in den Kommentaren zu einem YouTube-Video austauschte. Ich hatte kommentiert, dass es viele spirituelle Wege gibt, um die Quelle zu erkennen. Darauf folgte ein wertender Kommentar eines dogmatischen Christen, der behauptete, es gebe nur einen wahren Weg zu Gott. Ein Kommentar führte zum nächsten und eine Stunde später war ich in eine ausgewachsene Debatte über Dogmen und Religion verwickelt.

Ich klinkte mich aus der Interaktion aus und fühlte mich ausgelaugt und entmutigt, weil wir keine Gemeinsamkeiten finden konnten. Anschließend löschte ich alle meine Kommentare in dem Bemühen, mich von der Energie zu befreien, aber es war zu spät. In dieser Nacht litt ich unter einer unerträglichen Migräne und Bauchschmerzen, die mich die ganze Nacht wach hielten.

Neuere Studien zur Psychologie der sozialen Medien unterstützen die These einer Existenz von Energieangriffen im Internet, indem sie von Gefühlsansteckung sprechen. *Gefühlsansteckung* ist definiert als die Art, wie die Gefühle einer Person oder Gruppe auf andere Menschen übertragen werden und ähnliche Gefühle bei diesen auslösen können. Insbesondere zeigte ein kürzlich auf Facebook durchgeführtes Experiment, dass »sich Gefühle online ausbreiten, selbst wenn die für eine persönliche Interaktion typischen nonverbalen Hinweise fehlen, und dass Personen positive oder negative Gefühle eher übernehmen, wenn diese in ihrem sozialen Netzwerk übertrieben zum Ausdruck gebracht werden.«[7]

Darüber hinaus können in den sozialen Medien übertrieben zum Ausdruck gebrachte Gefühle nicht nur unsere Stimmung verändern, sondern auch unsere Werte. Ein kürzlich durchgeführtes Experiment zu den Auswirkungen der Coronakrise auf die Emotionen der Menschen kam zu dem Schluss, dass »aufgrund der dynamischen Zuordnung von Werten und der Art und Weise, wie Emotionen mit Werten in Beziehung stehen, ein negatives emotionales Klima zu einem gesellschaftlichen Wertewandel beitragen kann, und zwar hin zu Werten, die mit der Wahrung von Sicherheit und der Vermeidung von Gefahren zu tun haben«.[8] Diese Schlussfolgerung unterstützt, was ich weiter vorn in diesem Buch darüber gesagt habe, wie die Energie, die wir von Menschen und Räumen aufnehmen, unsere Art, zu denken, zu fühlen und uns zu verhalten, beeinflussen kann und uns so daran hindert, energetisch authentisch zu sein.

Ein Energieangriff in der digitalen Welt kann durch sogenannte *Filterblasen* oder *Echokammern* verstärkt werden. Im Wesentlichen verwenden beliebte Social-Media-Sites wie Facebook und Instagram Algorithmen, denen es darum geht, uns mit Personen und Informationen zusammenzubringen, deren Emotionen, Überzeugungen und Werte mit unseren übereinstimmen, weil ihnen das von unserem Verhalten auf diesen Plattformen diktiert wird. Ist dir noch nie aufgefallen, dass du, wenn du einen bestimmten Link angeklickt, mit dem Post eines Unternehmens interagiert oder regelmäßig etwas Bestimmtes in deinen eigenen Posts und Kommentaren erwähnt hast, mit immer mehr Content zum gleichen Thema bombardiert wirst?

Das ist der Algorithmus, der auf dein Verhalten reagiert, um dich für seinen digitalen Raum zu gewinnen. Der Algorithmus erstellt personalisierte Echokammern, die Menschen und Informationen einschließen, die mit dir und deinen Überzeugungen in Resonanz stehen, und Informationen draußen halten, die nicht mit deinen Ansichten übereinstimmen. Solche Gruppierungen können zwar eine gute Sache sein, wenn du dir die Zeit genommen hast, die Personen und Inhalte, mit denen du dich in den sozialen Medien beschäftigst, sorgfältig auszuwählen. Du kannst aber auch leicht in ein negatives Kaninchenloch geraten, in eine Echokammer voll mit toxischen Menschen, Fake News und übergriffigen Posts, die dich für Energieangriffe anfällig machen.

Kapitel 39

DIE KONTROLLE ÜBER DEINE ONLINEPRÄSENZ BEHALTEN

Nachdem du nun kennengelernt hast, wie die digitale Welt sowohl praktisch als auch energetisch funktioniert, kannst du jetzt damit loslegen, Maßnahmen zur Sicherung und zum Schutz deiner Onlinepräsenz zu ergreifen. Bevor wir verschiedene energetische und spirituelle Prozesse erkunden, die du nutzen kannst, um deine Onlinepräsenz sowohl zu klären als auch abzuschirmen, müssen wir über die praktischen Maßnahmen sprechen, die du ergreifen kannst, um online möglichst viel negative Energie zu eliminieren. Diese Aktionen verbinden Maßnahmen, die du ergreifen und Grenzen, die du ziehen kannst, um die Kontrolle über die digitalen Räume und Personen zu behalten, mit denen du online interagierst, mit taktischen Schritten, die du unternehmen kannst, um Negativität zu beseitigen, wenn sie auftaucht.

Vom Marktplatz zum Wohnzimmer

Im Jahr 2019 veröffentlichte Mark Zuckerberg, CEO von Meta, einen Artikel, in dem er seine Sicht auf die Zukunft der sozialen Medien und des Internets teilte. In diesem Artikel schrieb er:

In den letzten 15 Jahren haben Facebook und Instagram Menschen geholfen, auf dem digitalen Äquivalent eines Marktplatzes mit Freunden, Communities und Interessen in Kontakt zu kommen. Aber Menschen möchten sich zunehmend auch im digitalen Äquivalent des Wohnzimmers privat vernetzen. Wenn ich über die Zukunft des Internets nachdenke, glaube ich, dass eine Kommunikationsplattform, die den Datenschutz in den Vordergrund stellt, noch wichtiger werden wird als die heutigen offenen Plattformen. Datenschutz gibt den Menschen die Freiheit, sie selbst zu sein und auf natürlichere Weise in Kontakt zu kommen. Deswegen bauen wir soziale Netzwerke auf.[9]

Mit der Analogie vom Marktplatz und vom Wohnzimmer spricht Zuckerberg nicht nur den Wunsch nach privateren Onlineinteraktionen an, den viele von uns haben, sondern auch die Lösung zum Eliminieren von Onlineenergieangriffen. Im vorigen Kapitel habe ich zwischen öffentlichen, halböffentlichen und privaten digitalen Räumen in den sozialen Medien unterschieden. Indem wir uns bewusst entscheiden, unsere Onlineinteraktionen vom öffentlichen Marktplatz weg in halböffentliche und private Wohnzimmer zu verlagern, gewinnen wir automatisch mehr Macht über den Raum, in dem wir uns befinden, und die Menschen, mit denen wir interagieren.

Ich persönlich scrolle selten durch den Newsfeed auf Facebook oder Instagram und konzentriere mich stattdessen auf die Interaktion mit Menschen in privaten Facebook-Gruppen, im

Messenger, auf WhatsApp oder in den *Direkt Messages* (DMs) von Instagram. So vermeide ich, in den Kaninchenbau des endlosen Scrollens zu geraten und möglicherweise auf Personen oder Informationen zu stoßen, die mich aufregen oder negativ beeinflussen. Obwohl ich täglich den Marktplatz überquere, wenn ich mich bei Facebook oder Instagram einlogge, begebe ich mich sofort in die digitalen Wohnzimmer, die ich mit positiven Schwingungen ausgestattet und in die ich entsprechende Menschen eingeladen habe.

Du bist der Bürgermeister deines Marktplatzes

Wenn du dich entscheidest, dich auf den Marktplätzen der sozialen Medien aufzuhalten, solltest du wissen, dass du der Bürgermeister bist und diese Plätze auf eine Weise gestalten kannst, die deine Energie verstärkt, anstatt sie zu erschöpfen. Dein Newsfeed auf den meisten Social-Media-Plattformen enthält Updates von Personen, denen du folgst, und Werbung für Dinge und Inhalte, mit denen du dich beschäftigt hast. Indem du dir die Menschen, mit denen du befreundet bist oder denen du folgst, bewusst aussuchst und dir die Zeit nimmst, sorgfältig eine Gruppe von Menschen zusammenzustellen, die positive Energie in deinen Feed bringt, verwandelst du deinen Marktplatz in einen Ort, an dem gute Stimmung herrscht.

Gleichzeitig teilst du den Algorithmen mit, welche Informationen sie dir senden sollen, indem du auf die Inhalte achtest, die du in den sozialen Medien und im Internet generell liest, likst, kommentierst und mit denen du in irgendeiner Weise interagierst, und indem du sicherstellst, dass du dich nur mit Inhalten beschäftigst, die deiner Energie etwas Positives hinzufügen. Wenn du die Nase voll hast von der Werbung und von Inhalten, die du nicht sehen möchtest, kannst du die Social-Media-Plattform wissen lassen, dass du nicht interessiert bist, und dem Algorithmus auf diese Weise beibringen, wie er dir am besten dienen kann.

Eine High-Vibe-Community pflegen

Am meisten frustriert Menschen, die eine High-Vibe-Community aus Freunden und Personen, denen sie online folgen, pflegen wollen, die Frage, ob sie bestimmte Menschen entfreunden oder ihnen nicht mehr folgen sollen. Weil die physische Welt immer mehr mit der digitalen Welt verschmilzt, findet unsere Beziehung zu den meisten Menschen in unserem Leben heute in diesem Übergangsraum zwischen den Welten statt. Daher wird auch die physische Beziehung in Mitleidenschaft gezogen, wenn die Onlinebeziehung endet oder zu enden scheint. Dies führt zu unnötigen Missverständnissen, verletzten Gefühlen und großem Drama.

Bei vielen spirituellen Ratschlägen zum Entfreunden und Nicht-mehr-Folgen von Menschen geht es darum, dies ohne Wenn und Aber zu tun und ohne die Auswirkungen zu berücksichtigen, die es haben wird. Obwohl ich diesen Ansatz lange Zeit befürwortet habe, ist mir zunehmend klar geworden, dass das fortschreitende Verschmelzen von physischen und digitalen Räumen unsere Beziehungen so weit verändert hat, dass wir sie jetzt differenzierter pflegen müssen. Der digitale Raum ist kein Spiel, keine Neuheit und kein reiner Zeitvertreib mehr. Er ist zu einer Erweiterung unseres Lebens und unserer Beziehungen geworden. Daher sollten wir mit unseren Onlinebeziehungen ähnlich umgehen wie mit unseren physischen.

Meine persönliche Strategie, meine Beziehungen zu pflegen und gleichzeitig mein digitales Wohlbefinden zu berücksichtigen, beinhaltet eine Kombination aus dem Setzen klarer Grenzen und dem Ergreifen taktischer Maßnahmen zur Pflege meiner Onlinecommunity. Bei Facebook habe ich zwei Profile eingerichtet, eines für Geschäftliches und eines für Freunde und Familienmitglieder, um eine klare Grenze zwischen beiden zu ziehen und Missverständnisse zu vermeiden. Weil ich Instagram nur geschäftlich nutze, lasse ich meine Freunde, Familie und andere Bekannte wissen, dass ich Personen dort nur zu geschäftlichen Zwecken folge. Indem ich auf beiden Social-Media-Plattformen klare Grenzen setze, kann ich die Verbindung zu meinen engen Beziehungspartnern aufrechterhalten und gleichzeitig auf mein eigenes Wohlbefinden achtgeben.

Wenn es darum geht, Personen, mit denen ich in den sozialen Medien bereits verbunden bin, nicht mehr zu folgen oder sie zu entfreunden, behandle ich jeden Fall anders, weil mir klar ist, dass durch das Nicht-mehr-Folgen oder Entfreunden von jemandem auch die physische Beziehung zu diesem Menschen Schaden nehmen kann. Wenn es sich bei dieser Person um einen engen Freund oder ein Familienmitglied handelt, schicke ich eine kurze Nachricht, in der ich mich erkläre. Wenn es nur ein Bekannter ist, nehme ich die Änderung vor, ohne eine Erklärung abzugeben, denn eine solche Beziehung ist nicht eng genug, um die Erklärung zu rechtfertigen. Sehr viel einfacher, als Leute zu entfreunden oder ihnen nicht mehr zu folgen, ist es, diejenigen stummzuschalten, von denen man aus irgendeinem Grund keine Updates mehr sehen möchte. Sowohl auf Facebook als auch auf Instagram gibt es neben den Posts jeder Person eine Stummschaltoption für deren Beiträge.

Behalte deine Datenschutzeinstellungen unter Kontrolle

Ein weiterer Schritt zur Kontrolle darüber, was du siehst und mit wem du in den sozialen Medien interagierst, besteht darin, deine Datenschutz- und Werbeeinstellungen zu überarbeiten. Die meisten Menschen wissen nicht, dass sie Facebook (und damit auch Instagram, das zu Facebook gehört) mitteilen können, welche Art von Werbung sie sehen möchten und welche nicht. Die Datenschutz- und Werbebereiche der von dir frequentierten Social-Media-Plattformen zu erkunden kann dir helfen, mehr Kontrolle darüber zu haben, welche Personen dir Freundschaftsanfragen senden und deine Beiträge sehen können, welche persönlichen Informationen andere sehen können oder nicht, und vor allem über die Informationen, die du Werbetreibenden zur Verfügung stellst.

Ich habe kürzlich die Anzeigeneinstellungen meines Facebook-Accounts überarbeitet und Anzeigen deaktiviert, um potenziell negative oder unerwünschte Werbung, die zu einem Energieangriff führen könnte, zu eliminieren. Aufgrund der jüngsten Enthüllungen darüber, wie Werbetreibende psychografische Informationen in den sozialen Medien einsetzen, um unser Verhalten zu manipulieren, sind Social-Media-Unternehmen zunehmend transparenter geworden, was uns mehr Kontrolle über unsere Profile ermöglicht. Und sie haben ihre Datenschutz- und Sicherheitsprotokolle verschärft. Ich möchte gern glauben, dass sich Mark Zuckerbergs Vision irgendwann erfüllt und in eine Zukunft führt, die sicher und geschützt ist und in der wir die volle Kontrolle über unsere digitalen Räume haben.

Bleibe bei deiner Absicht

Der wahrscheinlich wichtigste taktische Schritt, den du tun kannst, um deine Energie in den sozialen Medien zu schützen, besteht darin, bewusst zu bleiben und deine Absicht nicht aus den Augen zu verlieren. Soziale Medien sind darauf ausgelegt, süchtig zu machen. Zu den Benutzerschnittstellen (User-Interface) der Social-Media-Sites, die wir frequentieren, wird viel Forschung betrieben. Sie hat ergeben, dass es immer darum geht, uns so lange wie möglich auf der jeweiligen Plattform zu halten. Wie oft hast du dich mit der Absicht, etwas Bestimmtes auf einer Social-Media-Plattform zu tun, dort angemeldet, nur um dann stundenlang in ein Kaninchenloch aus endlosem Scrollen und gedankenlosen Likes gesaugt zu werden und darüber ganz zu vergessen, was du ursprünglich wolltest? In seinem Buch *Hooked: How to Build Habit-Forming Products* schreibt Nir Eyal, dass sich süchtig machende Technologie unsere Psychologie zunutze macht, um externe (etwa Mitteilungen, dass es neue Nachrichten gibt) und interne (wie unser Bedürfnis nach Hoffnung, Freude oder sozialer Akzeptanz) Auslöser zu erzeugen, die uns süchtig nach ihren Plattformen machen und diese zu unverzichtbaren Bestandteilen unseres Lebens werden lassen.[10]

Indem wir das Wissen über die süchtig machende Natur der sozialen Medien mit unserer Bereitschaft verbinden, energetisch authentisch zu sein, schaffen wir eine Absicht, die stark genug ist, um aus der Suchtschleife auszubrechen und die sozialen Medien auf eine gesündere Weise zu nutzen. Damit dir das gelingt, nimm dir einen Moment Zeit, um deine Absicht zu formulieren und ein Zeitlimit festzulegen, bevor du dich auf einer Social-Media-Plattform anmeldest. Warum gehst du in dem Moment da drauf? Willst du Kontakt mit Freunden aufnehmen, etwas in deinem Feed teilen oder für dein Unternchmen werben? Solange du keine klare Absicht hast, lässt du zu, dass die Technologie, die von den Entwicklern der jeweiligen Plattform eingeführt wurde, dich und deine Energie für ihre Zwecke nutzt.

Push-Benachrichtigungen abschalten

Der primäre externe Trigger, den soziale Medien und andere Onlineplattformen und Websites einsetzen, um ihre Sogwirkung auf dich zu entfalten, sind *Push-Benachrichtigungen*. Jedes Mal, wenn eine solche Benachrichtigung auf deinem Handy oder Bildschirm erscheint, löst dies ein inneres Verlangen nach etwas Angenehmem aus und den fast unbändigen Wunsch, dich bei der Social-Media-Plattform anzumelden, um sie zu checken. Selbst wenn die Benachrichtigung dazu führt, dass du online ein positives Erlebnis hast, wirst du aller Wahrscheinlichkeit nach anschließend in den Sog geraten, sinnlos weiterzuscrollen, und potenziell auf etwas Toxisches oder Negatives stoßen.

Indem du alle Mobil- und Desktop-Benachrichtigungen deaktivierst, behältst du die Kontrolle über das, was du in den sozialen Medien vorhast. Damit ist sichergestellt, dass du derjenige bist, der entscheidet, wann du auf dein Handy schaust und was du dann unternimmst.

Urlaub von den sozialen Medien machen

Wenn du in einem Social-Media-Energieloch feststeckst und jedes Mal, wenn du dich einloggst, von toxischen Menschen und Informationen überflutet wirst, ist das Beste, was du tun kannst, Urlaub von den sozialen Medien zu machen. Eine Woche Pause von den sozialen Medien wird dir helfen, deine Energie zu klären und deine Schwingungsfrequenz zurückzusetzen. Damit beendest du die negative Dynamik der Onlineanziehung. Je mehr Energie du der Onlinenegativität gibst, desto länger wird sie bleiben. Also ist ein kalter Entzug die einfachste Möglichkeit, die negativen Schwingungen auszuräumen und noch einmal ganz von vorn anzufangen.

Nachdem du dir eine Auszeit genommen und deine Schwingung erhöht hast, kannst du die Tipps und Prozesse aus diesem und dem folgenden Kapitel nutzen, um deine Social-Media-Plattformen energetisch und physisch zu reinigen, abzuschirmen und zu schützen.

Die eigene Schwingung verändern

Was dein Social-Media-Erlebnis letztendlich steuert, ist deine Schwingung. Indem du dir Zeit nimmst, um deine Energie zu reinigen und abzuschirmen und deine Schwingungsfrequenz zu erhöhen, bevor du online gehst, stellst du sicher, dass du nur mit Personen und Informationen in Kontakt kommst, die der Frequenz entsprechen, die du aussendest. Kein Mensch, kein Social-Media-Unternehmen und kein Werbetreibender kann bei dir eine Erfahrung durchsetzen, mit der du schwingungsmäßig nicht übereinstimmst. Indem du die Prozesse in diesem Buch durcharbeitest, deine Energie konsequent klarst und deine Schwingung erhöhst, bringst du deine dominante Schwingungsfrequenz letztendlich auf eine immer höhere Ebene, was dich auf natürliche Weise vor Onlinenegativität schützt.

Kapitel 40

DIGITALE REINIGUNGS- UND ABSCHIRMPROZESSE

Wenn du dich in der digitalen Welt bewegst, nutzt du hauptsächlich die emotionale, die mentale und die astrale Schicht deiner Aura. Wenn du dir die Zeit nimmst, deine Aura mit den in den vorangegangenen Kapiteln vorgestellten Prozessen zu reinigen und abzuschirmen, stärkst du damit automatisch auch deine energetische Onlineabwehr. Da die digitale Welt aber im Grunde genommen in einer eigenen Dimension existiert, kannst du zusätzliche Prozesse nutzen, um dich dort zu schützen. In diesem Kapitel stelle ich drei dieser Prozesse vor, die du nutzen kannst, um dein digitales Selbst sowohl zu reinigen als auch abzuschirmen.

Zeremonie zum Reinigen digitaler Räume

Kommen wir noch einmal auf die Analogie zurück, dass die digitale Welt eine Erweiterung und ein Spiegel der physischen Welt ist. Die verschiedenen Social-Media-Plattformen, die du nutzt – Facebook, Instagram, Twitter, TikTok und so weiter – ähneln digitalen Ländern mit verschiedenen Städten, Stadtteilen, Geschäften, Häusern und Einwohnern. Genau wie du verschiedene Reinigungswerkzeuge und -prozesse verwenden kannst, um die Energie deines Hauses zu reinigen und abzuschirmen, kannst du sie verwenden, um dasselbe in den digitalen Räumen zu tun, in denen du dich aufhältst.

In einer digitalen Raumreinigungsmeditation erhältst du durch Visualisieren Zugang zum digitalen Raum deiner Social-Media-Sites und bedienst dich der verschiedenen Prozesse, die du in diesem Buch kennengelernt hast, oder anderer Reinigungs- und Abschirmprozesse deiner Wahl, um eine Raumreinigungszeremonie durchzuführen. Indem du deine digitale Präsenz energetisch klärst und abschirmst, tust du dir und dem Universum gegenüber willentlich kund, welche Art von Interaktionen du online haben möchtest. Dann antwortet das Universum auf deine Anfrage und orchestriert die richtigen Umstände, um deine digitalen Räume so zu reorganisieren, dass sie deiner energetischen Absicht entsprechen. Nach dieser Zeremonie bekommst du auch Impulse und Inspiration für die praktischen Veränderungen, die du vornehmen musst, um diese energetischen Veränderungen in die Tat umzusetzen.

Führe die folgenden Schritte aus, um eine digitale Raumreinigungszeremonie durchzuführen:

1. Schließe die Augen und begib dich in einen meditativen Zustand. Nimm dir etwas Zeit, um dich zu zentrieren, zu erden und mit deiner Schutzkraft zu verbinden, wie in Kapitel 8 beschrieben.
2. Stell dir vor, dass du im Weltraum schwebst und auf etwas herabschaust, das ein digitaler Planet Erde zu sein scheint. Statt der üblichen Kontinente, Länder und Meere siehst du die verschiedenen digitalen Länder. Es sind die von dir genutzten Social-Media-Plattformen. Du siehst Facebookville

und Instagramland, gefolgt von Twitterverse und den Plattformen, die du sonst noch verwendest.

3. Wähle eines dieser Länder aus, lass dich nach und nach hineinzoomen und steige in das Land hinab. Lass dich durch die verschiedenen Städte, Straßen und Viertel dieses Landes scrollen. Dies sind die Äquivalente deines Newsfeeds, der Onlinegruppen, in denen du bist, deines Profils, deiner Freundes- oder Follower-Listen, deiner privaten Nachrichten und so weiter.
4. Während du durch diese digitalen Räume gehst, achte darauf, was du sehen, fühlen, hören und ahnen kannst. Nutze all deine Sinne, um den Ort zu scannen und die Qualität der Energie dort einzuschätzen. Vielleicht sind einige Straßen und Viertel hell und positiv, aber manche Ecken und Winkel sehen schmutzig und düster aus. Vielleicht spazieren Leute herum. Wie sehen sie aus und was sagen sie? Bist du gern dort? Während du diese digitalen Räume erkundest, machst du dir im Kopf Notizen darüber, was gereinigt und aufgeräumt werden muss.
5. Nachdem du die Bereiche und Personen identifiziert hast, die aus diesen digitalen Räumen ausgeräumt werden müssen, säuberst du den Raum mithilfe eines oder mehrerer der in Teil II vorgestellten Reinigungsprozesse. Du kannst die Feuerdrachen anrufen, damit sie alles Toxische verbrennen, die Trolle in einem ätherischen Netz einfangen, die Sylphen anrufen, damit sie ihr ätherisches Sauggerät einsetzen, um energetische Flecken und ätherische Spinnweben zu entfernen, oder den Raum mit der violetten Flamme sättigen, um negative Energie in reines Licht zu verwandeln.
6. Wenn du das Gefühl hast, dass der Raum frei von Negativität ist, setzt du eine oder mehrere der Abschirmtechniken aus Teil III ein, um einen verstärkenden, abwehrenden oder um-

wandelnden Schild in den Raum zu setzen. Am besten verwendest du eine Kombination aus verstärkenden und abwehrenden oder verstärkenden und umwandelnden Schilden, um sicherzustellen, dass die Energie hoch bleibt und dass auch du gut geschützt bist und Negativität abwehren kannst.

7. Wenn du mit dem Reinigen und Abschirmen des von dir ausgewählten digitalen Landes fertig bist, machst du mit dem nächsten weiter und wiederholst den Vorgang, bis sich deine digitale Welt leicht und heiter anfühlt.
8. Bevor du die Meditation beendest, bedankst du dich bei den Geistführern, die du angerufen hast, und bittest sie, die Schilde so lange aufrechtzuerhalten, wie du es möchtest.

Digitale Amulette und Talismane

Genau wie du ein Amulett oder einen Talisman tragen kannst, um Energie abzuwehren oder zu verstärken, kannst du sie auch digital einsetzen, damit sie dieselben Aufgaben in deinen Social-Media-Plattformen wahrnehmen. Da wir in der digitalen Dimension arbeiten, sind das dann keine physischen Amulette und Talismane, sondern digitale.

Hier hast du zwei Möglichkeiten:

- Du kannst das Bild eines Amuletts oder Talismans als Beitrag auf der von dir gewählten Social-Media-Website teilen. Dadurch wird die Schutzintention dieser Glücksbringer in die digitale Dimension übertragen und ihre Schutzkraft vom physischen auf den digitalen Raum ausgedehnt.
- Alternativ kannst du jedes andere Bild, Video oder sogar einen geschriebenen Post in ein Amulett oder einen Talisman verwandeln. Wichtig ist, dass du ein Bild, ein Video oder ei-

nen Text auswählst, die die Absicht enthalten, die du in den digitalen Raum ausdehnen möchtest. Wenn du dich beispielsweise in den Bergen stark und mächtig fühlst, kannst du ein Bild von einem Berg teilen, das diese Gefühle in dir hervorruft, und gleichzeitig die Absicht festlegen, dass der Berg als energetischer Beschützer zur Abwehr von Negativität fungiert. Wenn du ein Lieblingszitat, eine Affirmation oder ein Gebet hast, mit denen du dich sicher und unbesiegbar fühlst, kannst du diesen Text teilen, um Negativität abzuwehren oder die natürliche Aura-Abwehr deines digitalen Raums zu verstärken.

Es gibt so vieles, was du verwenden kannst, um digitale Amulette und Talismane zu erstellen, aber die wesentliche Komponente für ihre Wirksamkeit ist die Absicht, die du festlegst, wenn du sie versendest. Nimm dir, bevor du den Beitrag teilst, unbedingt ein paar Minuten Zeit, um deine Schutzabsicht zu formulieren und in den Beitrag einzubringen. Und sieh dann, wie sie ihr Licht in deinem digitalen Raum verbreitet.

Reinigen und Abschirmen mit dem Finger

Da dein Körper dein mächtigstes Energieschutzwerkzeug ist, kannst du ihn auch einsetzen, um die digitalen Räume, in denen du dich aufhältst, aufzuräumen und abzuschirmen. Mit dem Finger zu reinigen und abzuschirmen bedeutet, in deine Kraft zu kommen, um Energie zu klären und zu schützen, und diese Energie und Absicht dann achtsam auf deine Social-Media-Sites auszudehnen, und zwar über deinen Finger und die Technologie, die du für den Zugriff auf deine Sites nutzt. Ähnlich wie bei der Durchführung einer digitalen Raumreinigungszeremonie nutzt du die Prozesse, die du in diesem Buch kennengelernt hast, um deine digitalen Social-Media-Länder zu reinigen und abzuschirmen. Anstatt in einer Visualisierung erhältst du den Zugang dazu über Geräte.

Führe die folgenden Schritte aus, um deine Social-Media-Präsenz aufzuräumen und abzuschirmen:

1. Schließe die Augen und begib dich in einen meditativen Zustand. Nimm dir etwas Zeit, um dich zu zentrieren, zu erden und mit deiner Schutzkraft zu verbinden, wie in Kapitel 8 beschrieben.
2. Konzentriere dich auf dein Solarplexuschakra, das Zentrum deiner Kraft und Macht, und stell dir vor, wie das goldene Licht deines Solarplexus mit jedem Atemzug heller und stärker wird. Lass zu, dass sich das Licht in deinem ganzen Körper ausdehnt und dein ganzes Wesen davon durchdrungen wird.
3. Strecke den Zeigefinger deiner dominanten Hand, während du eine Absicht festlegst, zum Bildschirm deines Mobiltelefons, Tablets oder Desktops aus, wo die von dir gewählte Social-Media-Site geöffnet ist, und stell dir vor, wie das goldene Licht aus deinem Finger schießt und über den Bildschirm in den digitalen Raum sickert. Dieses goldene Licht ist die Essenz deiner Kraft und in der Lage, deine digitalen Räume sowohl zu reinigen als auch abzuschirmen. Sieh vor deinem inneren Auge, wie sich dieses Licht in den verschiedenen Städten, Straßen und Vierteln deiner Social-Media-Sites ausbreitet und sie reinigt und abschirmt.
4. Wenn du weitere Schutzschilde hinzufügen möchtest, kannst du eines der verstärkenden, abwehrenden oder umwandelnden Schilde auswählen und visualisieren, wie sich das Licht aus deinem Finger in die digitalen Räume ausbreitet.

5. Wenn du all deine Social-Media-Sites gereinigt und abgeschirmt hast, bringst du deine Dankbarkeit zum Ausdruck und beendest den Prozess.

Fazit

AN SICH ARBEITEN

Es gibt noch einen letzten Schritt zum Energieschutz, aber bevor ich ihn hier vorstelle, nehmen wir uns einen Moment Zeit, um zu würdigen, was du bisher erreicht hast. Zuallererst hast du dich nicht nur für einen proaktiven Ansatz zum Schutz deiner Energie entschieden, sondern ihn auch durchgezogen. Untersuchungen zeigen, dass etwa zweiundsechzig Prozent der Menschen, die mit dem Lesen eines Buches beginnen, dies nicht bis zur letzten Zeile tun.[11] Du gehörst nicht dazu. Du hast es bis zum Ende geschafft. Das hast du gut gemacht! Du hast einen Ritterschlag verdient. Also los, gib ihn dir selbst.

Auf unserer gemeinsamen Reise durch dieses Buch hast du dich über die Arten von Energieanhaftung informiert, die deine Energie verunreinigen können. Du hast gelernt, wie man die Arten identifiziert, hast sie mit einer Reihe von Energiereinigungsprozessen losgelöst und dein Energiefeld mit verstärkenden, abwehrenden und verwandelnden Schilden gestärkt. Darüber hinaus hast du deine neu entdeckten Fähigkeiten auf die digitalen Räume ausgedehnt, in denen du dich aufhältst. Und du hast eine sichere Umgebung geschaffen, sowohl für dein physisches als auch für dein digitales Selbst.

Konkret haben wir bisher sechs der sieben Schritte des Energieschutzprozesses abgedeckt: Zentrieren, Erden, Verbinden,

Identifizieren, Reinigen und Abschirmen. Es gibt einen letzten Schritt, den wir besprechen müssen, und er ist bei Weitem der wichtigste, denn ihn zu überspringen könnte den gesamten Prozess gefährden. Er heißt: an sich arbeiten.

An sich arbeiten

Hier ist die Wahrheit über alle Energieheilungsmodalitäten: Sie funktionieren nur in dem Maße, in dem du bereit bist, an dir zu arbeiten. Indem du deine Energie reinigst und abschirmst, bewirkst du eine Veränderung in deinen Energiekörper. Diese energetische Verschiebung überträgt sich dann durch deinen emotionalen, deinen mentalen und deinen physischen Körper und gibt dir die Möglichkeit, auch auf diesen Ebenen deines Seins Veränderungen zu bewirken.

Gleichzeitig sendet deine energetische Veränderung ein Signal ins Universum, das verkündet, dass du jetzt eine andere Person bist. Dies zieht Menschen und Umstände an, die dir eine weitere Chance geben, echte Veränderungen in deinem Leben vorzunehmen.

Das Schlüsselwort lautet in beiden Fällen *Chance*. Du hast die Wahl, diese Chancen zu nutzen und etwas damit anzufangen oder sie zu ignorieren und zu stagnieren. Dass du die vorgenannte Wahl hast, ist das, worum es beim Arbeiten an sich selbst geht.

Schauen wir uns die beiden Phasen des Prozesses des An-sich-Arbeitens etwas genauer an.

Die Heilungskrise

Eine *Heilungskrise* ist eine kurzfristige Verschlechterung deines Befindens, bevor eine positive Veränderung eintreten kann. Sie kann zwischen zwei Tagen und einem Monat dauern, in denen du Stimmungsschwankungen, beunruhigende oder depressive Gedanken und grippeähnliche Symptome erleben kannst. Eine Heilungskrise ist ein natürliches Ergebnis der Verschiebung deiner Energie, weil sich dein Geist, deine Emotionen und dein Körper ebenfalls an der Verschiebung ausrichten müssen. Indem du deine Energie klärst, nimmst du im Grunde Einfluss auf deinen Energiekörper und deine Aura, die beide Erweiterungen deines mentalen, deines emotionalen und deines physischen Körpers und mit diesen verbunden sind. Obwohl die Reinigung auf der energetischen Ebene sofort stattfindet, dauert es einige Zeit, bis sich die Veränderung auf das gesamte System überträgt.

Die kurzfristige Verschlechterung deines Seinszustandes tritt auf, weil du während dieses Prozesses möglicherweise alte Gedanken, Emotionen, Überzeugungen, Gewohnheiten und Giftstoffe ausleiten musst, die mit deinem neuen Seinszustand nicht übereinstimmen. Am Ende dieser Reinigungsphase und nachdem du Energieanhaftungen auf allen Ebenen deines Wesens abgelegt hast, ist die Heilungskrise beendet und dein Wohlbefinden verbessert sich.

Die Falle, in die viele Menschen in dieser ersten Phase des Prozesses tappen, besteht darin, sich der Heilungskrise zu widersetzen. In der Annahme, dass der Energieschutzprozess wahrscheinlich nicht funktioniert hat, unterdrücken sie das Ausleiten einschränkender Gedanken und Emotionen, was die beiden nur noch verschlimmert. Leider haben die meisten von uns, die in der westlichen Welt leben, von Kindheit an gelernt, dass das Ausdrücken negativer Emotionen ein Zeichen von Schwäche ist.

Daher unterdrücken wir den Prozess und hindern uns selbst daran, der Negativität Luft zu machen und sie loszulassen.

Für dich besteht die Herausforderung während der Heilungskrise also darin, dir der einschränkenden Gedanken, Emotionen, Überzeugungen, Gewohnheiten und Giftstoffe bewusst zu sein, die auftauchen, und dir selbst den Raum zu geben, in dem du diesen Prozess durchlaufen kannst. Viele weitere Prozesse und Modalitäten können dir durch eine Heilungskrise helfen. Einige meiner Favoriten sind das Tagebuchschreiben, die Anwendung der EFT (*Emotional Freedom Technique*), auch als Klopftechnik bekannt, oder Spiegelarbeit und das gute alte und bewährte Mittel, sich mal richtig auszuweinen.

Verschiedene Menschen erleben eine Heilungskrise auf unterschiedliche Weise und in unterschiedlichem Ausmaß. Für manche ist sie intensiv und chaotisch, für andere hat sie einen so milden Verlauf, dass sie kaum wahrgenommen wird. Daher ist es am besten, keine bestimmten Erwartungen an das zu haben, was du erleben solltest. Sei dir stattdessen deiner Möglichkeiten bewusst und achte auf deinen alltäglichen Seinszustand, damit du die Chance zur Reinigung, wenn sie sich dir bietet, nutzen kannst, anstatt sie zu vermeiden.

Die Veränderung verwirklichen

Nachdem du mit dem Eliminieren von Energieanhaftungen auf allen Ebenen deines Seins fertig bist, besteht der letzte Schritt darin, deine Energiearbeit in der realen Welt umzusetzen. Oft erwarten wir zu viel von unserer Energiearbeit. Ja, Energiearbeit ist kraftvoll und kann uns helfen, massive positive Veränderungen in unserer Energie und Denkweise zu bewirken, aber diese Energieveränderungen können nur dann eine echte Wirkung haben, wenn wir in die Welt hinausgehen und sie in die Tat umsetzen.

Kurz nachdem du deine Energie gereinigt hast und möglicherweise während du gerade eine Heilungskrise durchmachst, wird dir das Universum im wirklichen Leben Chancen bieten, die dir helfen, die von dir vorgenommenen energetischen Veränderungen zu verwirklichen. Vielleicht bekommst du einen Anruf von einer Freundin, mit der du nichts mehr zu tun haben möchtest. Vielleicht wirst du zu einer gesunden Ernährungsumstellung inspiriert. Vielleicht fühlst du dich aufgefordert, eine berufliche Veränderung vorzunehmen. Vielleicht wirst zu einem Vortrag über etwas eingeladen und so weiter. Wenn sich dir diese Chancen bieten, liegt es in deiner Verantwortung, entsprechend aktiv zu werden.

Es stimmt zwar, dass niemand gern ein unangenehmes Gespräch führt, um eine Freundschaft zu beenden, dass niemand das Chaos mag, das ein Umzug mit sich bringt, oder die Ungewissheit, einen neuen Weg einzuschlagen, aber diese Änderungen sind notwendig, um deine Energieschutzreise abzuschließen. Wenn du nur die Energiearbeit machst, aber die Arbeit im wirklichen Leben nicht fort- und umsetzt, sabotierst du den gesamten Prozess und hältst dich in einem Teufelskreis der Negativität gefangen, aus dem dich kein Prozess und kein Geistführer herausholen kann.

Erinnere dich an das Mantra, das ich in diesem Buch mehrmals wiederholt habe: *Du* hast die Macht, deine Energie zu schützen. Und dies erstreckt sich über den energetischen Bereich hinaus auch auf den physischen. Die toxischen Menschen werden nicht verschwinden, es sei denn, du hörst auf, Zeit mit ihnen zu verbringen. Die negativen Gedankenformen werden dich weiterhin finden, es sei denn, du achtest auf deinen Denkprozess. Und die niederen Geister werden dich so lange verfolgen, bis du eine positive Umgebung um dich herum geschaffen hast.

Auch wenn es am Anfang schwierig und unangenehm sein kann, deine Energiereinigungsarbeit in deinem täglichen Leben umzusetzen, wirst du immer besser darin, je öfter du es tust. Mit der Zeit, und wenn du das anfängliche Unbehagen und die Unordnung der Veränderung annimmst, wirst du direkt süchtig nach der Freiheit und der Transformation, die sie mit sich bringt, und wirst sie begrüßen, anstatt sie zu vermeiden.

Wie es weitergeht

Es gibt ein paar Möglichkeiten, um ab hier weiterzumachen. Wenn du dich entschieden hast, zuerst das Buch zu lesen, bevor du die Prozesse anwendest, ist es an der Zeit, dein Tagebuch herauszuholen, deinen Meditationsplatz zu wählen und loszulegen. Lade den Spickzettel (*Protect Your Light Cheat Sheet*) von *georgelizos.com/pyl* herunter, um deine Fortschritte zu verfolgen.

Wenn du die Prozesse und Meditationen schon beim Lesen dieses Buches durchgeführt hast, ist dies dein nächster Aktionsplan:

1. **Schau dir die verschiedenen Energieanhaftungen genau an:** Wissen ist Macht. Je mehr du dir also der verschiedenen Energieanhaftungen bewusst wirst, mit denen du möglicherweise in Kontakt kommst, desto besser kannst du sie erkennen und dich davor schützen. Es wäre vielleicht nicht schlecht, den oben erwähnten Spickzettel auszudrucken und zur Hand zu haben, wenn sich etwas ergibt.
2. **Meistere deine außersinnlichen Scanfähigkeiten:** Die effektive Suche nach Energieangriffen ist unerlässlich, um dich rich-

tig davor zu schützen. Du kannst deine Energie natürlich auch klären, ohne zunächst zu erkennen, was da ist, aber dann besteht die Möglichkeit, dass du etwas übersiehst. Wenn du neu im außersinnlichen Scannen von Energie bist, solltest du mehr Zeit mit der Meditation »Aktiviere deinen 360-Grad-Blick« in Kapitel 11 verbringen, um deine Fähigkeiten zu festigen.

3. **Entscheide über deine tägliche Energieschutzpraxis:** Deine Praxis muss nicht lang oder kompliziert sein. Wähle einfach die Reinigungs- und Abschirmprozesse, die für dich am besten geeignet sind, und setze sie täglich konsequent um. Je öfter du das tust, desto besser wirst du darin und desto schneller kannst du deine Energie klären und abschirmen. Ich schlage vor, du wählst einen oder zwei Reinigungsprozesse, die du täglich nutzen kannst, um mehrere Arten von Energieanhaftungen zu lösen, und setzt weiter in die Tiefe gehende Prozesse nur für besondere Anlässe oder schwere Fälle von Energieangriffen ein. Wenn es ums Abschirmen geht, reicht es aus, einen verstärkenden und einen umwandelnden Schild übereinanderzuschichten, um dich vor den meisten Energieangriffen zu schützen. Dann kannst du abwehrende Schilde je nach Bedarf einsetzen.
4. **Arbeite weiter an dir:** Denke daran, dass deine Energieschutzarbeit nicht auf dem Meditationskissen endet. Da fängt sie erst an. Raum zu schaffen, um deine Emotionen zu reinigen und echte Veränderungen vorzunehmen, die dir helfen, deine Energiearbeit zu verwirklichen, sollte eine tägliche Übung sein. Am Anfang wird es sich unangenehm anfühlen, aber je öfter du es tust, desto angenehmer wird es. Und am Ende wirst du die Freiheit und die Transformation genießen, die es mit sich bringt.
5. Last but not least, **geh deine Energieschutzpraxis spielerisch an.** Ich weiß, dass es verstörend und sogar beängstigend

sein kann, alles über die Möglichkeiten zu erfahren, wie man durch Energie negativ beeinflusst werden kann, aber je mehr von dieser Arbeit du machst, desto wohler und sicherer wirst du dich fühlen. Und falls du an irgendeinem Punkt von der Angst übermannt wirst, besinne dich zurück auf dein Wissen, dass du ein mächtiges spirituelles Wesen bist und die Macht hast, dich selbst zu schützen. Mache die Meditation in Kapitel 8, um dich wieder mit deiner Schutzkraft zu verbinden, und wenn du dich sicher und stabil fühlst, gehst du den gesamten Energieschutzprozess durch.

Wenn du deine Energie konsequent reinigst und deine Schwingung entsprechend erhöhst, wirst du mit der Zeit immer weniger Energieangriffe anziehen. Du wirst deine eigene positive Anziehungsblase erschaffen, die dich mit Menschen, Situationen und Umständen zusammenbringt, die zu der hochschwingenden Person passen, die du geworden bist. Dann geht es beim Energieschutz weniger darum, dich von Energieanhaftungen zu befreien, als vielmehr darum, die herrliche Welt, die du für dich selbst geschaffen hast, zu erhalten und weiter zu verstärken.

ANMERKUNGEN

1. Bessel van der Kolk: *The Body Keeps the Score: Brain, Mind, and Body in the Healing of Trauma* (New York: Penguin Books, 2014).
2. Masaru Emoto: *Die Botschaft des Wassers,* Koha, Dorfen, 2010.
3. Judy Hall: *Crystals for Energy Protection* (Carlsbad, CA: Hay House, 2020).
4. Yogi Bhajan: *The Aquarian Teacher: International Teacher Training in Kundalini Yoga,* Level 1 (Santa Cruz, NM: KRI Publishing House, 2005).
5. Laurence Hecht: »Mysterium Microcosmicum: The Geometric Basis for the Periodicity of the Elements«, *21st Century Science and Technology* (Mai bis Juni 1988), 18; Robert J. Moon, Interview mit Carol White (in zwei Teilen), *Executive Intelligence Review* 14, No. 43 (30. Oktober 1987): 31, und *Executive Intelligence Review* 14, No. 44 (6. November 1987): 18.
6. Katie Brockhurst: *Social Media for a New Age 2, A Digital Self-Care Guide, The Next Phase: 2020 and Beyond* (That Guy's House, 2019), Kindle Edition.
7. Emilio Ferrara und Zeyao Yang: »Measuring Emotional Contagion in Social Media«, *PLoS One* 10, No. 11 (6. November 2015), *https://doi.org/10.1371/journal.pone.0142390.*
8. Steffen Steinert: »Corona and Value Change: The Role of Social Media and Emotional Contagion«, *Ethics and Information Technology* (21. Juli 2020): 1–10, *http://doi.org/10.1007/s10676-020-09545-z.*
9. Mark Zuckerberg: »A Privacy-Focused Vision for Social Networking«, Facebook-Post, 12. März 2021, *www.facebook.com.*
10. Nir Eyal: *Hooked: How to Build Habit-Forming Products* (New York: Portfolio Penguin, 2014).

11. Statista: »When Do You Abandon a Book«, Statista Research Department, 9. Juli 2013, *https://www.statista.com/*.

DANK

Danke, Gott Apollo, dass du mich zu diesem Buch inspiriert und es durch mich geschrieben hast. Es ist eine Ehre, deiner Führung zu folgen und deinen Weg zu gehen.

Ich danke Diana Cooper, dass sie an mich geglaubt und ein so magisches und herzliches Vorwort geschrieben hat, um der Welt dieses Buch vorzustellen.

Vielen Dank Rebecca Campbell, Emma Mumford, Danielle Paige, Victoria Maxwell, Yasmin Boland, Shannon Kaiser, Gala Darling, Lisa Lister, Dougall Fraser, Sophie Bushford, Amber-Lee Lyons, Amy Leigh Mercree, Cael O'Donnel und Katie Brockhurst für eure großzügige Unterstützung und euren Beistand.

Ich danke der talentierten Leah Kent, die mir geholfen hat, die Botschaft dieses Buches über das eindrucksvolle Cover zu vermitteln!

Nochmals danke an Katie Brockhurst, die mir durch unsere seelenvollen Gespräche und ihr Buch *Social Media for a New Age* geholfen hat, die inneren Vorgänge der digitalen Welt zu verstehen.

Ich danke Amy Leigh Mercree, meiner Agentin Lisa Hagan, meinem Verleger Michael Pye, Maureen Forys, Rebecca Rider und dem gesamten Team von Hampton Roads für ihr Vertrauen in mich und in dieses Buch.

Meinen Freunden Val, Sargis, Marianna, Katerina, Emma und Hannah danke ich für ihre unendliche und bedingungslose Unterstützung während der Entstehung dieses Buches.

Dir, dem Leser, danke ich dafür, dass du dein Licht vehement beschützt und es so kanalisierst, dass es deinem Ziel folgt, eine bessere Welt zu schaffen.

ÜBER DEN AUTOR

George Lizos ist spiritueller Lehrer und intuitiver Heiler und setzt sich leidenschaftlich dafür ein, Lichtarbeitern zu helfen, ihrer Bestimmung zu folgen und positive Veränderungen in der Welt zu schaffen. Er ist der Autor der Nummer-1-Bestseller *Lightworkers Gotta Work* und *Be the Guru*, der Gründer der Intuition Mastery School® und der Moderator des *The Lit Up Lightworker Podcast*.

George wurde von den Health Blog Awards zu einem der 50 besten Gesundheits- und Wellness-Influencer ernannt und seine Arbeit wurde in den Zeitschriften *Soul & Spirit, Watkin's Mind Body Spirit* und *Kindred Spirit* vorgestellt. Er hat einen Bachelor- und einen Master-Abschluss in Metaphysischen Wissenschaften, einen Bachelor in Humangeografie mit Schwerpunkt heilige Geografie, einen Master in Psychologie und ist Priester des hellenischen Polytheismus.

George lebt auf Zypern und leitet eine blühende internationale Onlinecommunity aus Empathen, Lichtarbeitern und spirituellen Anführern innerhalb der Facebook-Gruppe *Your Spiritual Toolkit*. Dort bietet er Rat für jeden Tag und hält Transformationsworkshops zur Überwindung der Blockaden ab, die uns festhalten und daran hindern, furchtlos unsere Bestimmung zu leben.

www.georgelizos.com
www.yourspiritualtoolkit.com
Instagram @georgelizos

ARBEITE MIT MIR

Hole dir wöchentliche Arbeitsinstrumente

Lade dir meinen kostenlosen Leitfaden *Discover Your Life's Purpose* herunter. Mithilfe des Leitfadens kannst du deine Bestimmung finden und anhand von speziellen, aus zwei Absätzen bestehenden Erläuterungen definieren. Du erhältst außerdem meinen wöchentlichen Newsletter mit weiteren Arbeitsinstrumenten und Anleitungen. Das alles findest du unter *georgelizos.com/lifepurpose.*

Meditationen

Erweiterte Audioaufnahmen vieler Meditationen im Buch kannst du unter *georgelizos.com/pyl* herunterladen.

Arbeite mit mir

Wenn dir dieses Buch gefallen hat und du daran interessiert bist, tiefer zu gehen, dann solltest du dir meine Onlinekurse, Meditationen und Einzelsitzungen auf *georgelizos.com/work-with-me* anschauen.

Hole dir Unterstützung

Triff dich mit gleichgesinnten Lichtarbeitern, hör dir Vorträge von Gastlehrern an und besuche Workshops in meiner privaten Facebook-Gruppe *Your Spiritual Toolkit.*

Lass dich inspirieren

Der *Lit Up Lightworker Podcast* enthält Interviews mit führenden spirituellen Lehrern. Damit wirst du deinen spirituellen Werkzeugkoffer mit Weisheiten und Anleitungen füllen können, die dich dabei unterstützen, deiner Bestimmung zu folgen und beim Aufstieg des Planeten mitzuhelfen. Schau dir den Podcast auf iTunes, Spotify, Stitcher und TuneIn an.

Bleib in Kontakt

Teile mir auf Instagram (*@georgelizos*) deine Erfahrungen mit, die du mit dem Schützen deines Lichts gemacht hast.